中公新書 2738

斎藤兆史著

英語達人列伝 II

かくも気高き、日本人の英語

中央公論新社刊

まえがき

本書は、二〇〇〇年に出版した拙著『英語達人列伝――あっぱれ、日本人の英語』の続編である。『中央公論』の連載記事「英語達人伝説」をまとめた前著は、思いのほか多くの方にご愛読いただいた。第二弾を望む声も多数お寄せいただいたが、前作で紹介した達人に匹敵する英語使いや、岡倉天心（おかくらてんしん）、斎藤秀三郎（さいとうひでさぶろう）のように、物語の主人公としても面白い人物がそうそう簡単に見つかろうはずもなく、続編の執筆に対して二の足を踏みつづけた。

一方で、前回取り上げた達人たち以外にも紹介すべき日本人がいるはずだとの思いは、つねに頭の片隅にあった。気になって達人候補になりそうな人物の経歴や評伝などを調べれば調べるほど、その思いが確実に強まってくる。また、前著の出版から二〇年余が経ち、日本の英語学習・教育を取り巻く状況も（おそらくはだいぶ悪い方向に）変わった。この状況を打開するほどの示唆を与えうるかどうかはわからないが、あらためて日本人にとっての英語学習の手本となるような人物を探し出して紹介する価値は大いにある。そう考えて、第二弾の執筆を決意した。

前著の「まえがき」にも書いたとおり、日本の英語教育は失敗から学ぼうとする傾向が強い。あるいは、日本の英語教育自体が失敗の連続と認識される傾向にある。日本語を母語とする人間にとって英語はそもそも習得するのがとても難しい言語なのに、英語が思いどおりに使いこなせないのは学校教育が「失敗」しているためだというのである。

その考え方によれば、いままでやってきたこと、変わっていないものがすべて悪者となる。文法・訳読が悪い、英語学習の開始時期が遅すぎる、教授言語が日本語なのが悪い、大学入試が悪い、などなど。そのような犯人探しの誤報がどのような英語政策に反映されてきたかは、いまさらここに書くまでもないだろう。

本書が第二弾とはいえ、ここで紹介する達人たちは、前著の達人たちと比べ、英語力から見ても、日本文化への貢献度から見ても、まったく遜色（そんしょく）がない。達人選抜の重要な基準として、前回同様、基本的に日本で英語を勉強したという点を重視した。

前著よりも全体的に時代が少し下るので、当然ながら達人たちの海外体験も豊富になっているが、あくまで彼らの英語力の基礎は、英語学習に必ずしも適さない日本という土地での工夫と努力によって築かれたものである。あらためて書くが、日本人にとって彼らほど格好のお手本はない。

それでは、これから英語修業を中心とした彼らの生き様とその華麗な英語運用を見ていただくことにする。英語は学習成功者に学ぶべし。この鉄則をもう一度思い出していただきたい。

凡例

- 引用文中の旧字体・旧仮名遣いは、基本的に新字体・新仮名遣いに改めてある。
- 各章の略年譜中の年齢は、当該年の誕生日時点における満年齢である。
- 敬称は略した。

目次

英語達人列伝 II

——かくも気高き、日本人の英語

Illustration by SAITO Yoshifumi

第 I 章

❖

嘉納治五郎

KANO Jigoro

❖嘉納治五郎　*KANO Jigoro 1860–1938*

嘉納治五郎ほど文武両道の理想を見事に体現した日本人も少ないだろう。彼は柔道を創始した武道家でありながら、第五高等中学校、第一高等中学校、高等師範学校、その後身たる東京高等師範学校の校長や文部省の役職を中心にさまざまな要職を兼務・歴任し、日本の教育界に大きく貢献した。また、彼が国際オリンピック委員会の委員として活躍したこともよく知られている。だが、そのような活躍の裏に彼の卓越した語学力があったことはほとんど知られていない。

嘉納は英語教育にも興味を持ち、その主題に関連する英語論文を発表した。また、英語教員の大会においては英語で演説を行った。国際人として世界を股(また)にかける一方で、当時の日本人の極端な欧米崇拝に対する危機感を表明していた。バランス感覚に優れた「柔道の父」は、どのような場面でどのような英語を用いたのだろうか。それをこれから見ていくことにする。

柔道、教育、そして

嘉納治五郎と聞いて何を連想するかと問われたら、ほとんどの日本人は「柔道」と答えるだろう。「教育」もありうる。だが、その名を聞いて「英語」を思い浮かべる日本人はまずいないはずだ。

柔道はもちろんのこと、教育における嘉納の功績までは僕も知っていた。だが、英語は完全に盲点だった。前著を新渡戸稲造から書きはじめたのは、内村鑑三を唯一の例外とすれば、新渡戸より年上の日本人で母語話者に勝るとも劣らない英語力で日本文化を発信した日本人はいないとの思い込みがあったためだ。ちなみに前著第Ⅱ章で扱った岡倉天心は、新渡戸より四ヵ月余り年下である。

嘉納の英語について知ることができたのは、まさに偶然の賜物だと言っていい。じつを言うと、僕は下手の横好きで合気道の稽古を四半世紀ほど細々と続けてきたのだが、英語を専門としていることもあり、合気道に関する文章を英訳したり、英語で武道全般の説明をする機会が徐々に増えてきた。

二〇二一年度には、調子に乗って「英語で『道』を語る」と題する放送大学の授業を、同大教授の大橋理枝先生と一緒に開講することになった。日本文化に特徴的な「道」の理念や哲学を英語で説明しようと、大それたことを考えたのだ。

考えたはいいが、大学で授業を開講するとなれば、いい加減なことはできない。印刷教材の英文も書き下ろすことにしたので、茶道、武道、書道、仏道、華道などなど、日本の伝統的な「道」の営みがどのような英語で紹介されてきたのかを調べる必要が出てくる。新渡戸、天心、鈴木大拙（すずきだいせつ）の著作はもちろん、「道」に関する英文著作を読み込んだ。

そのうちの一冊が、John Stevens, *The Way of Judo: A Portrait of Jigoro Kano and His Students*, 2013 だった。嘉納治五郎の生涯を辿りながら、柔道の成立を解説している。ジョン・スティーヴンズは、東北福祉大学で長く仏教学を担当したアメリカ人の先生で、日本文化研究家、合気道家でもある。

読みすすめてみると、何ヵ所か嘉納の英語に関する記述に出くわす。とくに目を引いたのは、'Kano was a good debater, both in his native tongue and in English'（嘉納は、自分の母語でも英語でも、討論が上手であった）、'Kano composed many letters in both languages, grammatically correct, to the point, and easy to understand'（嘉納は多くの手紙を〔日英〕両言語で書いたが、文法的に正しく、要領を得ていて、わかりやすい）といった記述だ。嘉納が英語で日記をつけていたことにも言及がある。

スティーヴンズが参考にした文献の多くは、著作の巻末資料を見るかぎり、もともと日本語で書かれたもののようである。だが、嘉納が書いた英文が残っているのだから、それに対しては英語話者として高評価を下していることになる。これは一つ調べてみる必要があると考えた。

まずは自分の研究室の書架を見回して関連図書を探したところ、すぐに最適のものが見つかった。庭野吉弘著『日本英学史叙説――英語の受容から教育へ』（二〇〇八年）である。出版直後に入手していた本なのだが、長らく書架に置いたままにしていた。今回、何かに導かれるように同書を手に取り、なかを開いて驚いた。なんと、嘉納治五郎の記述に一章が当てられていたのである。英学史関係の書籍でここまで嘉納の英語に着目したものは、きわめて珍しい。

漢学・英学の素養と柔術への興味

嘉納治五郎は、一八六〇（万延元）年、父治郎作、母定子の三男として摂津国菟原郡御影村（現在の神戸市東灘区御影）に生まれた。新渡戸、天心よりも二年早く誕生している。

嘉納が生まれる半年ほど前に桜田門外の変が起こっているのも象徴的である。将軍継嗣問題も絡んでいるとはいえ、日本が海外との関係をめぐって大揺れに揺れていた時代だ。

父親は婿養子で、家は裕福だったようだ。『嘉納治五郎――私の生涯と柔道』における本

◎嘉納治五郎　略年譜

西暦（年号）	年齢	事項
一八六〇 万延 元	0	一〇月二八日（新暦一二月一〇日）、父治郎作、母定子の三男として摂津国菟原郡御影村に生まれる
一八七三 明治 六	13	育英義塾入学
一八七四 七	14	東京外国語学校英語部（同年のうちに東京英語学校として分離・独立）入学
一八七五 八	15	開成学校入学
一八七七 一〇	17	開成学校が東京大学となり、その文学部に入学。天神真楊流柔術福田八之助の道場に入門
一八八一 一四	21	東京大学文学部政治学・理財学を卒業し、哲学選科生となる（翌年修了）。起倒流柔術飯久保恒年に師事
一八八二 一五	22	一月、学習院研修科講師、八月、専任教員となる。嘉納塾、講道館を創立
一八八六 一九	26	学習院教授兼教頭となる
一八八九 二二	29	宮内省御用掛として欧州行きを命ぜられる
一八九一 二四	31	一月、帰国。八月、竹添須磨子と結婚。同月、第五高等中学校長兼文部省参事官に就任

人の回想によれば、「幼少の時分には、いうまでもなくいろいろのことを学んだ」らしいが、裕福でなければ「いろいろのこと」を学ばせてもらえまい。

本人が挙げているお稽古事のなかで特筆すべきは、漢学と英学。まず、前著で紹介した新渡戸、天心、斎藤博、そして嘉納も含めこれから紹介する英語達人の半数ほどが幼少期に漢籍を習っていることは注目に値する。

同じ回想には、英学の先生のところに「通うた」とある

一八九三		二六	33	六月、第一高等中学校長就任、九月、高等師範学校長就任
一九〇九		四二	49	アジア初のＩＯＣ委員に就任
一九一二		四五	52	七月、ストックホルム・オリンピック大会に日本選手団団長として参加
一九二〇	大正	九	60	アントワープ・オリンピック大会に参加
一九二二		一一	62	貴族院議員に就任
一九二八	昭和	三	68	アムステルダム・オリンピックに参加
一九三二		七	72	ロサンゼルス・オリンピックに参加
一九三八		一三	78	カイロでのオリンピック会議に出席。太平洋上で肺炎のため急逝

が、『日本英学史叙説』に紹介されている本人の談話によれば、嘉納が初めて英語を習ったのは上京後の一八七一（明治四）年のころで、「家庭教師を頼んで兄と二人で勉強した」という。とすると、先の回想に記されているのは、彼が一八七二年に通った箕作(みつくり)秋坪(しゅうへい)（一八二五～八六。洋学者。数学者菊池大麓の父親）の三叉学舎(さんさがくしゃ)のことだと思われる。

一八七三年、嘉納は一二歳で芝の烏森町(からすもりちょう)にあった私立の育英義塾の寄宿生となった。ここではオランダ人ライへが教頭、ドイツ人ワッセルが助教を務めており、すべての学科を英語で教えていた。

彼はすでに三叉学舎で英語を勉強していたので、学科で後れをとることはなかったものの、一つ大きな問題があった。体が貧弱だったのである。成人後も身長が一五八センチだったことを考えると、当時はかなり小柄ではなかったかと推測される。

いまでこそ学校でのいじめ防止に対する意識が高まっているが、それでも腕力の強い児童・生徒が弱い者をいじめる事例は後を絶たない。ほんの少し前まで侍が町を闊歩していた時代、体の弱い子どもはどれだけ辛い思いをしていたろうか。

自伝の冒頭で、嘉納は「柔術を学びはじめた動機は、今日自分が柔道について説いていることとはまったく異なったものであった」と書いている。すなわち、体の大きな生徒に腕力で対抗しようとしたのである。ただし、柔術を教えてくれる先生は見つからなかった。

一八七四年、嘉納は官立の東京外国語学校の英語部に入学、それが東京英語学校として独立するに至り、そこで学ぶことになった。嘉納治五郎生誕一五〇周年記念出版委員会編の『気概と行動の教育者嘉納治五郎』によれば、このころ友人宛の手紙は英語で書いていたという。

翌年、英語学校を卒業して開成学校に入学すると、その前身たる大学南校に諸藩から推薦されて入学していた「貢進生」たちが幅を利かせている。武家の出だから、武術、腕力にものを言わせてくる。嘉納はますます柔術修業の必要性を痛感するようになった。

いまや国際的な武道となった柔道の原点がここにあったと考えると、じつに興味深い。腕力で腕力に対抗しようとするのは、「礼にはじまり礼に終わる」武道の思想に反するかもしれないが、いじめに苦しむ子どもが必死に考え出した自衛の手段と考えれば、あながち否定すべきものではないかもしれない。

文武両道

育英義塾と開成学校在学中に柔術修業を思い立った嘉納は、そこから文武両道を歩みはじめる。まずは、「文」のほうから見てみよう。

一八七七（明治一〇）年、開成学校は東京大学となり、彼はその文学部に入学した。教授陣としては、ウィリアム・ホートン（英文学）、外山正一（心理学・英語・哲学。一八四八〜一九〇〇。教育家・詩人。東京帝大総長、文部大臣を務める）、三島毅（漢文学）、アーネスト・フェノロサ（政治学・理財学・哲学。一八五三〜一九〇八。アメリカの東洋美術研究家）らがいた。

フェノロサというと、岡倉天心の協力を得て日本の美術や古社寺の調査をしたことが有名だが、嘉納とも接点があったことは確認しておく必要がある。それどころか、嘉納自身は、「フェノロサの指導を受けることが多かった」と語っている。もちろん、指導は英語で行われた。

一八八一年、嘉納は東京大学を卒業する。だが、政治と理財の専門で卒業はしたものの、哲学を修めていなかったため、翌年も一年間哲学選科生として大学に残り、全専門課程を修了した。

翌一八八二年一月、嘉納は選科在学中に学習院に新たに設置された研修科の講師を委嘱され、政治経済学を講じた。そして、八月には学習院の専任教員となる。このときから一八八九年の洋行時まで、学習院で教鞭を執った。

ここからは「武」の話である。嘉納にとっては、こちらのほうがより大きな関心事であったはずだ。

開成学校在学時から、とにかく柔術を習いたいとの一心で師匠を探すのだが、なかなか見つからない。東大入学直後、ようやく紹介されて訪ねた先が、天神真楊流の福田八之助という先生の道場だった。この先生の教え方が、いかにも昔の武術家らしくて面白い。

まず、嘉納をある技で投げ飛ばす。投げ飛ばされたほうは、当然柔術を習いに来ているわけだから、どうやって技をかけたのかと問いかける。すると先生は、「おいでなさい」といって、また嘉納を投げ飛ばす。技の要領をしつこく聞いても、「なあにお前さん方がそんなことをきいてもわかるものか、ただ数さえかければ出来るようになる、さあおいでなさい」といってまた投げ飛ばす。

体で覚えさせると言えば聞こえはいいが、なんとも無茶な教え方だ。それでも、嘉納は稽古についていった。僕は、英語教育・学習を武道や器楽修業にたとえることが多いのだが、さすがにこれに相当する教授法は考えつかない。

嘉納は、福田の道場でも師範代を務めるほどまで腕を上げたが、独り立ちする自信もなく、福田の没後、その師匠筋にあたる人物の道場にも通い詰めた。さらには、起倒流なる柔術の道場にも通って稽古に励んだ。

そして、修業を積むに従い、「智育・体育・徳育」に通じる柔術の教育的価値を認識するに至る。本人の回想を見てみよう。

自分は、かつては非常な癇癪持で、容易に激するたちであったが、柔術のため身体の健康の増進するにつれて、精神状態も次第に落ちついてきて、自制的精神の力が著しく強くなって来たことを自覚するに至った。又柔術の勝負の理屈が、幾多の社会の他の事柄に応用の出来るものであるのを感じた。さらに、勝負の練習に附随する知的練習は、何事にも応用し得る一種の貴重なる知力の練習なることを感ずるに至った。

嘉納は、どうやら癇癪持ちで、また生来勝気な性格だった。東京高等師範学校長時代の彼に修身の授業を受けた五島慶太（一八八二～一九五九。東急コンツェルンの創設者）は、「はじめからしまいまで『なあにくそッ』の一点張り」だったと回想しているが、おそらくは柔道の修業によって性格の角が取れ、何事にも応用可能な「なにくそ」精神ができあがったのだろう。
柔術の教育的価値に目覚めた彼は、一八八二年二月に嘉納塾、五月に講道館を創立する。まだ東大選科在学中の二二歳のときであった。「柔道」の誕生である。

上達曲線

さて、嘉納の武術修業のなかで、語学をはじめとする稽古項目に共通すると思しき体験があるので、それについて記しておきたい。僕自身、大してものにならなかったものが多いが、下手の横好きでいろいろなことに手を出した結果、上達の法則らしきものがあることを学んでいる。その法則とも符合する。

僕は、英語学習もほかの稽古項目も、上達の鍵を握るのは努力だと信じている。**Genius is an infinite capacity for taking pains**（天才とは、無限に努力することのできる才能である）というのが、座右の銘だ。

とはいえ、努力した分だけ右肩上がりにどんどん上達していくなら誰も努力を厭うまい。だが、話はそう簡単ではない。同じような努力を続けていても、一向に上達しないどころか、下手をすると腕が落ちていると思うときさえある。

すると、あるとき、ふっと高いところに引き上げられるような感覚を味わう。起倒流柔術の飯久保恒年師範との乱取りに関する嘉納の体験談を見てみよう。

或る日のこと、先生と乱取をしていると、自分の投げがよくきく。これまではこちらからなげることもあったが、ずいぶん先生からなげられたのに、その日はこれまでとちがい、不思議にも先生からは一本もとられず、しかも自分のかけるわざがまことによくきく。一体先生は起倒流であるから、投わざの名人であって、平素自分は、よく先生から投げられたのである。しかるに、その日は本当に珍しい結果を見たのである。先生がいかにも不思議に思われ、いろいろと考えておられた。

もちろん、嘉納は何もせずにこの成功体験を得たわけではない。いかに相手の身体を崩すかに着目して努力を重ねた結果、ふっと壁を乗り越えたのである。

立場が逆転して首を捻っていた先生だが、嘉納の工夫と研究を知って納得した。そして、「これから足下に教えるところはない。今後は若いものを相手に、ますます研究をつむがよい」と言って、それ以降嘉納の乱取りの相手をすることはなかったという。

語学もこれと同じである。初学のうちは、語彙、発音、文法を覚えながら、ほぼ右肩上がりで上達していく。しかしながら、やがてその伸びが緩やかになってくる。ここが踏ん張りどころだ。

上達曲線が波形を描こうが、下降しようが、ひたすら努力を続けていると、あるところでその線が急上昇することがある。もちろん、そこから一直線に上昇していくわけではない。また波形と下降と急上昇を繰り返していく。

もしかしたら嘉納が柔術修業で得た上達の感覚は、彼の勉学や教育にも活かされていたのではないか。そう仮定することで、のちの彼の膨大な業績が説明できるような気がするのだ。

初の渡欧と「船中の柔道試合」

一八八九（明治二二）年の秋、学習院教授時代に、嘉納は宮内省御用掛として欧州行きを命ぜられた。欧州の教育事情を視察するためである。

この出張の詳細について、嘉納は英文で日記に記している。彼が英語で日記を書いていたことに触れ、生誕一五〇周年記念出版委員会の伝記の第三章に次のような一節がある。

嘉納は特に英語に長じ、英文に堪能であったことは、当時学友の間にも周知のことであり、友人に送る書簡もしばしば英文を以て（もって）した。英習字が得意で、ある外国人から英習字の手本を書くことを勧められたほどである。日記は晩年に至るまで多く英文を用いていた。

欧州視察からの帰りの船上で、嘉納の柔道の力量が語られる際によく引き合いに出される出来事が起きる。ロシア人との柔道対決だ。これも、元はといえば、彼の英語力が引き起こしたものだと言えるかもしれない。

暇を持て余した乗客のうち、オランダ人とスイス人がロシア海軍の士官を相手に座興の力比べをはじめた。船の舵を回す棒を持って引っ張り合う、綱引きのような他愛もない遊びである。このロシア人士官の腕力がなかなかに強く、棒の中央を持つというハンデをつけても、やすやすと引き寄せてしまう。

その様子を見ていた嘉納は、別のロシア人商人に、あれだけの力自慢でも、自分が床に押さえつけたら起き上がれないだろうと英語でささやいた。その商人も英語がよくできたので、船上で仲よくなっていたらしい。そして、そのさりげないささやきが商人を通じてロシア人士官に伝わってしまった。

よし、それならやってみろ、という話になる。嘉納がロシア人士官を押さえる。柔道の技で押さえるわけだから、いくら剛腕とはいえ起き上がれない。今度は自分の番だと言って相手が押さえにくる。完全に押さえられるのを待ってもよかったのだが、それをじっと待つなどという動きは柔道にはないので、すぐにひっくり返した。

これはずるいと言って相手は納得しない。しばらく言い合ったのち、このやり取りを見物していたオランダ人とスイス人がある提案をしてきた。噂に聞いていた柔道の技を実演してほしいという。嘉納がその二人相手の実演をしたのち、ロシア人士官との投げ技対決となった。ここからは、本人の回想録からの引用である。

> いよいよ立ち上がると、彼の士官は自分の背に両手を組み合わせ、右に左に捻じ倒そうとした。自分は最初一、二度それをうけて、適当な入り込む機会を狙ったが、やがて機を見て、半ば腰投げ、半ば背負い投げの形で投げ倒した。その時、当り前ならば頭から落ちるのだが、自分はすばやく手をもって支えて、頭から落ちないように助けてやった。そこで彼は、腰からさきに落ちて、怪我がなくてすんだ。

この紳士的な対応に「船中大喝采」だったという。怪力の相手を投げるだけでも大変なのに、相手が怪我しないように頭を手で支えるところなど、さすがは「柔道の父」である。こののち、ロシア人士官ともすっかり打ち解けたというから、理想的な武道のあり方を示したと言えるだろう。

校長職を歴任

この洋行の体験を通じ、嘉納は外国語学習についてもある認識を得た。日本にいる間、外国語は正しく使おうと心がけていたため、会話が思うに任せなかった。だが、各地を巡っているうち、欧州の人間が平気で間違った外国語を使っていることに気がついた。

考えて見ると、外国人が他国の言葉をつかって間違うのは当然のことといってよい。まちがってもドシドシ使っていれば、遂には間違わないようになる。語学は使いなれるべきものと考えて、その後は以前よりは誤があっても臆せず思うことを楽に言い表わすようになって来た。もちろん語学は誤なきを期すべきであるが、引込思案で、書かず語らずにいたなら、いつまでたっても上達はしないものである。

この論については、若干の注釈が必要である。試行錯誤を続けながら語学の上達を図るためには、まずかなりの程度まで基礎ができあがっていなくてはいけない。文法や発音を間違えても、自分でそれに気づいて修正していける段階になれば、たしかに「ドシドシ使って」みるに限る。

だが、基礎も固まらないうちから、間違ってもいいからとにかくコミュニケーションを図りなさいと促す外国語教育には賛同できない。嘉納の場合、すでに相当に高い英語力に達していたからこそ、実地練習が功を奏したが、ここで彼がいみじくも書いているとおり、「語学は誤なきを期すべき」であり、間違えることを前提とし、それを奨励するような教育は避けるべきだ。

一八九一年一月に視察から帰った嘉納は、八月に竹添須磨子と結婚、同月、熊本の第五高等中学校長兼文部省参事官に就任する。三〇歳の時である。五中校長時代には、島根県尋常師範学校にいたラフカディオ・ハーン（一八五〇～一九〇四。著述家。日本に帰化し小泉八雲と名乗る）を引き抜き、英語教師として招聘した。

一八九三年六月、彼は東京に戻り、三二歳で第一高等中学校の校長に就任、九月には高等師範学校長となる。以後、高等師範学校、その後身たる東京高等師範学校の校長職を中心に、文部省や教育関係のさまざまな役職や委員を兼務・歴任することとなる。

ところが、その職歴を調べていると、「非職」という穏やかならぬ言葉が二度現れる。高等師範学校の校長職と普通学務局長を一度ずつ免ぜられているのだ。どうやら文部省高官との意見の対立が原因らしい。

実際のところ、嘉納の自伝を読んでいると、「〔森有礼（一八四七～八九。外交官・教育家）

文部大臣〕自身が教育のことに精通せず、素人考えでかれこれと案を立て」たとか、「都筑〔馨六。一八六一～一九二三。外務官僚〕のごとき人物が文教の府において枢要の地を占むるようでは、我が文教上捨ておけぬというので、進んで文部省攻撃を開始した」といった、文部行政批判の激しい文言が目につく。

教育に対する嘉納の情熱がなせる業だろうが、激しく文部省を批判すれば普通は完全にお役御免となりそうなものだ。にもかかわらず、彼はすぐに高等師範の校長職にも復帰し、文部省との関係も続いていく。やはり教育界になくてはならない人物だと見なされていたためだろう。

嘉納の英語論文

この辺で、冒頭で予告しておいたとおり、庭野吉弘著『日本英学史叙説』を頼りに、嘉納の英語を見ていきたい。同書に敬意を表し、訳文も拝借する。

同書が嘉納の代表的英語教育論の一つ目に挙げているのは、彼が一九一〇年、東京高等師範学校の校長を務めているとき、雑誌『英語教授』に寄せた'To the Japanese Teachers of English'（日本人英語教師へ）と題する論文である。

時代背景から確認しておくと、当時日本は一九〇五年の日露戦争の勝利を受け、世界の

「一等国」になったとの意識から、英語への関心を深めていた。『英語教授』（*The English Teacher's Magazine*、一九〇七年創刊）も含め、英語関連雑誌の創刊が相次いだのもこのころである（拙著『日本人と英語――もうひとつの英語百年史』研究社、二〇〇七年参照）。

その一方、英語はすでに明治初期のような実学の媒体としての機能を失い、主として上級学校に進学するために勉強する言語となっていた。学生の英語力低下も問題となり、効率的な英語教授のあり方が模索されていた時期でもある。

この状況については、同じ時期、次章で紹介する夏目漱石の「語学養成法」や岡倉由三郎（よしさぶろう）（一八六八～一九三六。英語学者。岡倉天心の弟）の『英語教育』でも論じられているが、嘉納は英語の専門家でもなく、二人とは立場も違う。ただ、国際的な視野を持つ高等師範学校長らしく、異文化理解の難しさと、それを克服するための英語教師の使命の重要性を強調している。

嘉納の書いた英文を見てみよう。次節で扱う彼の英語演説も含め、和訳はいずれも庭野による。

To remove all such difficulties is the duty of those who have at heart the highest interests of their country, and especially of language teachers, for language is the only medium through which we can become familiar with the peculiarities of life and thought in other nations.

〔庭野訳〕

こうしたあらゆる障壁・困難を取り除くことは、自国の最大の利益を常に念頭においている人たちの義務であります。とりわけ、語学教師の義務でもあります。というのも言語は異国の生活や思想を理解することが可能となる唯一の手段だからです。

庭野は、嘉納がこの論文において英語教師の役割に触れる一方、「もうひとつ重要なことを言っている」と指摘し、次の一節を引用する。

The student of English then has double work to do, for besides making himself proficient in the foreign language, he has to familiarize himself with the history and literature of his own country.

〔庭野訳〕

それゆえ、英語学習者が為すべきことは二つあります。つまり、学習者は外国語（英語）に熟達するだけでなく、自国の歴史や文学にも精通しなくてはならないのです。

つまり、英語教育によって学習者の異文化理解を促進させることは重要だが、学習者はまず自国をよく知らなくてはならない、という主張である。英語教育は、歴史的に見て、つねに英米崇拝と国粋主義のはざまで揺れ動いてきたが、嘉納は、そのいずれにも偏（かたよ）らぬ立ち位置を見事に確保している。

僕はこの主張そのものにも感銘を受けたが、それ以上に、英文の質のよさに驚いた。英語学習者のみならず、下手をすると母語話者でも正しい使い方を知らない等位接続詞 for（拙著『英語達人塾』第4章を参照のこと）も、いずれの文でも見事に使いこなしている。この件については、彼の英語演説の原稿を分析することで、いっそう際立ってくる。

嘉納の英語演説

庭野が挙げる嘉納の代表的な英語教育論の二つ目は、彼が一九一四（大正三）年の第二回英語教員大会で行った演説である。当時、嘉納はまだ東京高等師範の校長職にある。

'Opening Address'（開会の辞）という題名と、あとで『英語教授』（第七巻第四号）に収録されたその原稿から考えて、大会の冒頭で嘉納が英語で挨拶したと考えて間違いなさそうだ。英語教員の研究大会であるため、英語による挨拶や発表が奨励されていたのだろう。

この演説のなかで、日本の生徒が英語学習の際に感じる心理的抵抗感の原因として、二つの事実があると論じている。

一つは、'that the vocabulary and syntax of English are widely dissimilar to those of our mother tongue'（［庭野訳］英語の語彙と文法が我々の母語である日本語のそれとまったく異なっているということ）。ここに目をつけるとは、さすがである。

日本における英語教育の非効率が問題になる際、多くの英語教育関係者は、伝統的教授法や教材の不備を指摘する。文法訳読が悪い、文学教材が悪い、など。そうじゃない。そもそも日本語と英語が構造的にかけ離れているのだ。

もう一つは、'that the Japanese at home have few opportunities of hearing correct English spoken and of trying their knowledge on English-speaking people'（［庭野訳］日本にいる日本人は正しい口語英語を聞いたり英語圏の人と話したりするチャンスが非常に少ないということ）。これも悲しいまでの真実だが、「正しい」英語というところが重要である。英語を聞いたり話したりする機会が少ないからといって、基礎も固まらぬ学習者同士がいい加減な英語でやり取りするのは、むしろ害にしかならない。

さて、これら二つの問題を解決するために、嘉納は次のように提案する。

The first difficulty can be met only with a will to succeed and a faith in the power of perseverance, because we cannot hope to modify the nature of the English through educational methods. The second difficulty, however, is in a measure within our control. It should be minimized by taking advantage of every possible opportunity of coming in contact with correct speakers of English to accustom the ear and to exercise the tongue.

［庭野訳］

第一の障壁はやり遂げるという意志と忍耐力によってのみ乗り越えられます。なぜなら、たとえ教授法をもってしても英語それ自体の性質を変えることなど不可能だからです。しかしながら、第二の障壁を克服する一つの方策は我々の手中にあります。つまり、耳と舌を慣らすために正しい英語話者と話す機会をできるだけ持つことによってその種の障壁は最小限に小さくできるのです。

この一節も、in a measure（ある程度まで）、take advantage of …（…を利用する）、come

in contact with ...（…と接触する）などの慣用表現を用いた上質で自然な英語となっている。
ところで、ここまでの嘉納の英語の特徴から見て、一文目の because は for となるべきところではないかと考えた読者は、なかなかの英語通だ。たしかにこれが英語論文であれば、もしかしたら彼は for を用いたかもしれない。だが、注意してほしいのは、これが演説の原稿だということである。

接続詞の for は、いまでは文語的な文章以外にはほとんど用いられない。現代英語の口語表現において理由や根拠を述べる際には、代わりに because を用いるのが普通である。だからこそ、前者の正しい用法を知らず、そんな単語を教える日本の英語教育は間違っているなどと主張する母語話者が出てきたりする。

引用された演説原稿が全体的に先の論文よりも簡潔な英語で書かれていることを考えると、嘉納は、書き英語と話し英語の違いを意識しながらこれを書いたのだろう。その語感の鋭さに驚くばかりだ。

オリンピックと柔道

嘉納は、教育界ばかりでなく、体育界でもなくてはならぬ存在であり、その名声は海外にも轟（とどろ）いていた。先の英語論文を発表する前年の一九〇九年、彼は突然駐日フランス大使の訪問を受け、クーベルタン男爵（一八六三～一九三七。近代オリンピックの創始者）からの依頼を伝えられる。国際オリンピック委員会（IOC）の委員になってほしいというのである。生誕一五〇周年記念出版委員会の伝記によれば、嘉納が委員に選ばれた理由は、「講道館の創始者として知られていたこと、……体育・スポーツの先駆者の一人だったこと」、そして「豊かな語学力の持ち主だったこと」などであった。

アジア初のIOC委員となった嘉納の最初の大きな仕事は、一九一二（大正元）年にストックホルムで開催された第五回オリンピック競技会への参加である。当時彼が校長を務めていた東京高等師範学校には金栗四三（一八九一～一九八三。マラソン選手）が在籍しており、前年のマラソンの予選会で世界新記録を出していたこともあって、日本中が彼の活躍に期待していた。

金栗はNHK大河ドラマの主人公にもなったので、彼がオリンピック本番のマラソン競技で腹痛のために途中棄権したことはよく知られている。一〇〇メートル走に出場した三島弥彦（一八八六～一九五四）は予選敗退となり、二人とも不本意な結果に終わった。それでも嘉納は、「お前達二人が両種目とも敗れたからといって、日本人の体力が弱い訳ではない。将来がまだある故、しっかりやれ」と笑いながら激励したという。

この八年後の一九二〇年、彼は東京高師の校長職を退く一方、IOC委員としてオリンピックのアントワープ大会に参加する。また、同年、ロンドンとロサンゼルスで柔道に関する講演を行い、一九二二年には、貴族院議員に就任している。

庭野が挙げる嘉納の英語教育論の三つ目は、さらにその三年後の一九二五（大正一四）年、『中等教育』という雑誌に載った「我が国の国際的位置を高むる上に英語はいかなる職能を有するか」と題する日本語論文である。全体的な内容の解説は庭野に任せるとして、僕が注目したのは次の一節である。

　外国のものでも、真に価値のあるものは、我が国に取入れて我が国の文化を進め、国力の増進に資することを怠ってはならぬのはもちろんであるが、今日のように物の道理も考えずに弁別もせず、何事でも欧米来のものであれば歓迎するというようでは、国民的自尊心は消滅したかのように考えられる。

残念ながら、日本では相変わらずこの悪弊が根深く存在する。それどころか、本来はバランスの取れた国際感覚の育成を使命の一つとする英語教育において、日本人が日本人のために編み出した教授法はことごとく否定し、欧米由来の英語教授法を無批判的に受け入れる傾向がますます強まっているのは、皮肉なことだと言わざるを得ない。

嘉納のバランス感覚は、柔道を国際化する際にも働いていたものと思われる。自身の掲げる「精力善用・自他共栄」の精神を世界に普及するのはよいが、日本古来の武道の精神を失うべきではないと考えていたようだ。

そのため意外なことに、一九四〇年のオリンピックを東京に招致するにあたり、嘉納が柔道を種目に加えようと働きかけた形跡はないらしい。それどころか、ジョン・スティーヴンズによれば、柔道の性格が変わってしまうことを危惧(きぐ)し、オリンピック種目への導入にはむしろ消極的だったという。

周知のとおり、いったんは開催に向けて動き出した一九四〇年の東京オリンピックは、幻の大会となった。日中戦争が長期化するなかでの国内外のさまざまな状況を考慮し、東京市はオリンピックの開催権を返上したのである。

この残念な知らせが嘉納の耳には届くことはなかった。返上決定の二ヵ月前、彼は太平洋上の船の上で肺炎を起こし、横浜到着を目前にして帰らぬ人となっていたのだ。

嘉納治五郎が生きていたら

嘉納の残した言葉に「教育之事天下莫偉焉　一人徳教広加万人　一世化育遠及百世（教育の事、天下これより偉なるはなし。一人の徳教広く万人に加わり、一世の化育遠く百世に及ぶ）」

がある。この世に教育ほど偉大な営みはない。一人の善導が万人に及び、一代を育成することが後々につながっていくのだから。そういう教えである。これは、彼の柔道教育にも一貫していた。

このような大きな思想を持った人物がすでにこの世を去ってしまったいま、我々にできることは、その業績を振り返り、嘉納治五郎が生きていたらこの状況でどう行動しただろうかと考え、どんな苦境にあっても、「なあにくそッ」と歯を食いしばって前に進んでいくだけである。

第Ⅱ章

夏目漱石

NATSUME Soseki

❖夏目漱石　*NATSUME Soseki 1867–1916*

夏目漱石と言えば文豪のイメージが強い。だが、四九歳の若さで亡くなったこともあり、実際に作家として活動していたのは最後の一〇年余りだけである。彼の成人後の三〇年をおおよそ一〇年刻みで大きく三つに分けるとすると、彼はそれぞれ英語・英文学学習者、英語・英文学教師、そして作家であった。つまり、作品を書いていたよりも英語と関わっていた時間のほうがはるかに長いのだ。それどころか、英語・英文学の基盤がなければ、彼の文学は成立しなかったと言っても過言ではないだろう。

にもかかわらず、川島幸希著『英語教師夏目漱石』を例外とすれば、漱石と英語の関係を本格的に調べた研究はまず見当たらない。下手をすると、漱石はロンドンで英語が通じないためにノイローゼになったとの俗説すらいまだに耳にする。漱石の文学を理解するためにも、彼の英語学習・教育をつぶさに見てみる必要がありそうだ。

英語の質の高さ

本章で夏目漱石を扱うにあたり、一言申し開きをしておく必要がありそうだ。前著の鈴木大拙の章において、若き日の大拙が禅の師たる釈宗演の講演原稿の英訳を漱石に添削してもらったという逸話に触れ、僕は次のように論じた。

> ただし、英語力だけについて見た場合、のちに二人の上下関係は完全に逆転する。英語が通じないためにロンドンでさんざんな目に遭う反面、日本人の英語力低下の一因が「日本の教育が正当な順序で発達した結果」（「語学養成法」）であると考えていた漱石と、のちに「もっともっと語学の出来る学者が出なくてはならぬ、前途遼遠の心地がしてならぬ」（一九五九年、古田紹欽あての手紙）と語った大拙とでは、英語への取り組み方も違っていただろう。

この「違っていただろう」との推測が軽率だった。二人を比べた場合、大拙のほうがより日常的に英語を使いこなしていたことは事実であり、そもそも彼は漱石の二倍近く生きたから、英語による業績もはるかに多い。

だが、漱石が残した英文を調べれば調べるほど、その質の高さに驚かされる。人生のある時期、よほど本気で英語と格闘していなければ、このレベルで英語を操ることなどできないはずだと考えざるを得ない。

本章では、日本人なら誰でも知っているこの文豪の英語修業を見ていくことにする。それによって、彼の文学を見るときの新しい視座も得られるかもしれない。

英語との接点

夏目漱石（金之助）は、一八六七（慶応三）年、夏目小兵衛直克と千枝の五男として、江戸の牛込馬場下横町（現在の東京都新宿区喜久井町）に生まれた。その後、いったん里子に出され、さらに塩原という家の養子となるが、その幼少期については多くの研究があり、また謎に包まれた部分も多いので、本章では触れないことにする。

漱石の英語に焦点を当てた川島幸希の『英語教師夏目漱石』（二〇〇〇年）という面白い本がある。同書によれば、彼が小学校時代に英語を学んだ記録は残されていないという。ここが、少し前の英語偏重時代に教育を受けた内村鑑三、宮部金吾、新渡戸稲造、岡倉天心らと大きく異なる点である。

さらに漱石は、一八七九（明治一二）年に入学した東京府第一中学（現都立日比谷高校）でも英語を勉強していない。本人の回想を見てみよう。

此の中学というのは、今の完備した中学などとは全然異っていて、その制度も正則と変則の二つに別れていたのである。

正則というのは日本語許りで、普通学の総てを教授されたものであるが、その代り英語は更にやらなかった。変則の方はこれと異って、たゞ英語のみを教えるというに止っていた。それで、私は何れに居たかと云えば、此の正則の方であったから、英語は些かも習わなかったのである。（「私の経過した学生時代」）

急いで解説しておくと、正則中学、変則中学という場合の「正則」、「変則」は、紛らわしいことに英語学習法についての「正則」（母語話者などについて音声から正しく学ぶこと）、「変則」（音声を気にせず文法訳読中心で学ぶこと）とは別物である。正則中学とは、和漢書などを用いて、もっぱら日本語によって普通学科を教える中学校、変則中学とは、英語を用いて普通学科の基礎を教え、大学予備門への進学の準備をさせる中学校のことである。

一八八一年、漱石は中学校を退学して漢学塾の二松学舎に入学する。幼少期から漢籍に慣れ親しんできたことがこの進路選択に影響を与えたことは大いに考えられる。前章で述べ

◎夏目漱石　略年譜

西暦（年号）	年齢	事項
一八六七　慶応　三	0	一月五日（新暦二月九日）、父夏目小兵衛直克、母千枝の五男として、江戸の牛込馬場下横町に生まれる
一八七九　明治一二	12	東京府第一中学正則科入学
一八八一　　　一四	14	中学校を退学して二松学舎入学
一八八三　　　一六	16	成立学舎入学
一八八四　　　一七	17	大学予備門予科入学
一八八六　　　一九	19	大学予備門が第一高等中学校と改称。腹膜炎のため試験が受けられずに留年
一八八八　　　二一	21	第一高等中学校予科を卒業して本科に進学、英文学を専攻
一八九〇　　　二三	23	第一高等中学校を卒業し、帝国大学文科大学英文科に入学
一八九三　　　二六	26	帝国大学文科大学を卒業し、大学院に進学。高等師範学校の英語の嘱託講師となる
一八九四　　　二七	27	精神的に不安定となり、鎌倉の円覚寺に参禅。鈴木大拙が英訳した釈宗演の講演原稿を添削
一八九五　　　二八	28	愛媛尋常中学校に英語教師として赴任
一八九六　　　二九	29	第五高等学校の講師となる。中根鏡子と結婚

たとおり、英語達人の多くが幼少期に漢籍に親しんでいることは注目に値する。

　二松学舎でも英語を習わなかった漱石だが、その回想を細かく分析した川島（前掲書）によれば、「二松学舎在校中に兄から英語を短期間教わっ」たらしい。これが彼と英語との最初の接点と考えられる。ただし、本人の回想によれば、当時の漱石は英語嫌いであった。

　今は英文学などをやって居るが、其頃（その）は英語と

一九〇〇	三三	33	文部省より英語研究のためのイギリス留学を命じられる
一九〇三	三六	36	帰国。東京帝国大学文科大学講師、第一高等学校講師となる
一九〇四	三七	37	明治大学講師を兼任
一九〇五	三八	38	『吾輩は猫である』連載
一九〇六	三九	39	『坊っちゃん』、『草枕』発表
一九〇八	四一	41	『三四郎』連載
一九一〇	四三	43	『門』連載
一九一四	大正三	47	『こゝろ』連載
一九一六	五	49	胃潰瘍のため死去

来たら大嫌いで手に取るのも厭な様な気がした。兄が英語をやって居たから家では少し宛教えられたけれど、教える兄は癇癪持、教わる僕は大嫌いと来ているから到底長く続く筈もなく、ナショナルの二位でお終になって了った……（「落第」）

親族間で何かの手ほどきが行われる場合、教える側と教わる側がお互いに短気を起こしてうまくいかないことが多い。よくありそうな話だと納得してしまいそうになるが、英語の手ほどきという観点から見ると腑に落ちない部分がある。すなわち、両者の相性が悪いわりには、学習の進度がいやに早いのである。

癇癪持ちの兄が英語嫌いの弟に英語を教えはじめ、ようやく動詞の活用が終わったあたりで喧嘩別れというなら話はわかる。だが、「ナショナルの二」（『ナショナル第二読本』。A.S. Barnes's *New National Readers* 全五巻の第二）の読み教材には、過去形、分詞構文、関係代名詞をはじめ、もはや初級とは言えない文法事項が出てくる。いまなら中学校の後半で読むくらいの難度である。

癇癪持ちと英語嫌いの組み合わせで、どうしてそこまで学習成果が上がったのか。兄の教え方がうまかったとも考えられるし、漱石が回想録に記すほどの反発を示していなかった可能性もある。

また、「ナショナルの二位でお終になって了った」という否定的な表現の裏には、当時のエリートに求められた英語力の高さがある。前著で紹介した新渡戸や天心をはじめ、すこし前の世代のエリートは英語漬けになっていたし、下の世代からも、しゃかりきになって英語を勉強する人間が生まれてくることになる。たとえば、これまた前著で紹介した野口英世は、はるかに恵まれない学習環境にありながら、一二歳になるころまでにはすでに『ナショナル第二読本』を独学で読んでいる。

現役東大生トップクラスの英語力？

一八八三年、漱石は一六歳で神田駿河台の私塾、成立学舎に入学する。隣の席には五歳上の新渡戸稲造が座っていた。新渡戸は同年のうちに東大に入学しているから、当時の学事暦を考えると、漱石は九月以前にこの私塾に入学していたことになる。

成立学舎が英語教育を重視する大学予備門（のちの第一高等学校）受験のための予備校であったことを考えると、このころ漱石は上級学校への進学を見据えつつ英語に取り組んだに違いない。英語嫌いから一転、夢中になって英語を勉強し、手当たりしだいに英書を読みあさったという。

翌年、漱石は大学予備門に入学する。一年次（一七歳当時）の英語の成績こそ、及第した英語履修生徒の上位二六人中英文解釈が二二位、文法作文が二三位とさしてふるわなかったものの、外国語の比重の高い新カリキュラムの下で週一二時間の英語の授業を受けており、自主的な勉強の成果もあって、着実に英語力を向上させたようである。

たとえば、川島（前掲書）の推定によると一八八五（明治一八）年九月から翌八六年四月のあいだ（漱石が一八歳のとき）に書かれた英作文の一部を見てみよう。

Fans are used to create an artificial current of air, on a hot summer day. They are made of thin and slender ribs of bamboo, upper half of them being covered with paper. There are two kinds of fans, one is called the shut and the other open fan. The former is always carried abroad, for it is opened and folded up with equal facility. The latter is generally used in the house; but, when we stroll about, on a hot summer evening, we take, sometimes, an open fan.

［山内久明訳］

扇は、暑い夏の日に人工的な風を起すのに使われる。薄くて細い竹の骨で出来ていてその上部には紙が貼(は)られている。扇には、扇子(せんす)と団扇(うちわ)の2種類がある。扇子は開くのも閉じるのも同じように簡単なのでいつも持ち歩き用に使われる。団扇はふつう家の中で用いられるが、暑い夏の宵に散歩するときなどは手にすることもある。

川島は、現役東大生のなかでトップクラスの英語力を持つという二人の学生に同じ「扇」という主題で英語の作文を書かせ、それと比較して、漱石が彼らにひけをとらぬ英語力を持っていたと論じている。なるほど、たしかにこれは僕自身の評価とも合致する。もしもこの水準の作文を毎回のレポートとして提出してくれたら、僕は間違いなく「優」をつけるだろう。つまり、東大生だとしたら、かなり上位者の英語力である。

だが、ずば抜けているほどではない。もっとも、僕が同僚たちと共有する印象からすれば、最近、東大生の英文読解・英作文能力も全体的に落ちてきているから、相対的にはさらに上位にいくことにはなるのだが、そのような趨勢は別にして、数年に一度、こちらが思わずうなってしまうような英語力の持ち主に出くわすことがある。この時点での漱石は、まだその域には達していない。

とはいえ、英語嫌いからここまでの驚異的な英語力の伸びは、この後も右肩上がりで続いていく。そして漱石は、この後数年間の英語・英文学研究のなかで、まさにずば抜けた英語力を身につけるのである。

英文学との出会い

一八八六（明治一九）年、大学予備門は第一高等中学校と改称され、漱石は、同年、腹膜炎のため試験が受けられずに留年したものの、八八年にはその予科を卒業して本科に進学、そこで英文学を専攻することになった。文学を専攻しようとは決めていたものの、「国文や漢文なら別に研究する必要もない様な気がしたから」英文学を選んだというのだが、一方で「英文学を研究して英文で大文学を書こう」（「落第」）と考えていたらしい。この誇大妄想的とも言える志の高さこそが偉人の偉人たる所以である。

そして、第一高等中学の本科在学中に漱石の英語力の上昇をさらに加速させたのが、ジェイムズ・マードックというスコットランド人教師の存在であった。マードックは勉強熱心な漱石に目を掛け、歴史と英語の授業時以外にも、作文の添削や図書の推薦などの指導を熱心に行った。

漱石がマードックの指導の下で書き上げた英文のなかでとくに注目すべきものとして、'Japan and England in the Sixteenth Century'（一六世紀における日本とイギリス）と題された、有罫（ゆうけい）用紙三〇枚ほどの手書きのレポートがある。文字どおり一六世紀の日本とイギリスを、政治、文化、宗教などさまざまな観点から比較して論じた文章である。

マードックによる'Good!'の書き込みがある箇所を見てみよう。忠義のためには身の回りの女性を犠牲にすることも厭わぬ武士と、愛人を過度に崇（あが）めるイギリスの騎士とを比較している。

I am told that a samurai in the time of Nobunaga divorced his wife, because her father sided with the enemy of his suzerain. Compare this samurai with the some young knights of England in the first campaign of Edward's war, who wore a covering over one eye, vowing for the sake of their ladies never to see with both till they should have signalized their prowess in the field. The contrast will perhaps make one smile.

［山内久明訳］
信長の時代に、妻の父親が主君の敵に与(くみ)したために妻を離縁した武士の話がある。これは、エドワード王の最初の戦にさいして、戦場で武勲を立てるまでは愛(いと)しい女を両目では見ないことを誓って、イギリスの若い騎士たちが片目を覆った話に匹敵する。両者の対照性に、誰しも笑いをさそわれるであろう。

ユーモアさえ感じさせる、なんとも軽妙な筆致ではないか。このレポートの全文は最新の『漱石全集』第二六巻（二〇一九年）に収められているので、興味のある読者は、ぜひそちらでご確認いただきたい。

マードックが手を加えているとはいえ、全集の英文学関係の注解と訳注を担当した山内久明（ちなみに本書の最後で取り上げる現代の英語達人）の注によれば、添削が施されている箇所の多くは細かい語句の修正である。とくに、川島（前掲書）も指摘するとおり、日本人が宿命的に苦手とする「冠詞と前置詞の挿入及び訂正が顕著」だが、それ以外の部分では漱石の英作文能力はかなりの完成度に達していたと言っていい。

せっかくだから、この時点での漱石と同世代の現役東大生との比較をしておくと、これはもうずば抜けた英語力の持ち主と言っていいだろう。何かの授業のレポートとしてこんな英文随筆を提出されたら、教師は脱帽するほかはない。文体を学術論文調に改めて必要情報を加えさえすれば、教養学科イギリス科の卒論にもなりそうだ。かつてそこの主任を務めた経験から言えば、優秀論文として一高賞や総長賞の候補に挙がっても不思議でないレベルである。

一八九〇年、漱石は第一高等中学校を卒業し、帝国大学文科大学の英文科に入学する。当時英文科の主任を務めていたのは、ジェイムズ・メイン・ディクソンというスコットランド人教師であった。前著をお読みいただいた読者には見覚えのある名前かもしれない。彼は、工部大学校で教鞭を執っていたときに斎藤秀三郎を教え、その英語学習欲に火をつけている。

漱石がディクソンの指導下にあるときに残した有名な業績として、『方丈記』の英訳がある。これは、最終的には、一八九二年の日本アジア協会例会におけるディクソンの講演のなかで披露され、翌年発行された『日本アジア協会会報』に講演と一緒に掲載された。

昭和一〇（一九三五）年版『漱石全集』の「解説」を担当した小宮豊隆（こみやとよたか）によれば、その冒頭でディクソンは「この翻訳の原稿・解説・並（ならび）に翻訳の細部の説明に関しては、文科大学英文科学生夏目金之助君の、価値ある助力に俟（ま）つ所甚大（じんだい）であった」と書いている。このことから、「恐らく漱石はディクソンから頼まれて、是（これ）を翻訳し、是を解説したものに違いない」

と推測している。

先述のレポートと違って、どの程度の添削が施されているのかがわからないため、ここで漱石の英訳の技術を厳密に論じることはできないが、出版の経緯から考えても、かなりの程度まで草稿の原文をとどめていると考えたい。あとの章で論じる南方熊楠（みなかたくまぐす）の英訳『方丈記』と比較するため、冒頭の部分だけここに掲げておく。

Incessant is the change of water where the stream glides on calmly: the spray appears over a cataract, yet vanishes without a moment's delay. Such is the fate of men in the world and of the houses in which they live.

［原文］

ゆく河の流れは絶えずして、しかももとの水にあらず。よどみに浮かぶうたかたは、かつ消えかつ結びて、久しくとゞまりたるためしなし。世中（よのなか）にある人と栖（すみか）と、又かくのごとし。

これと熊楠の訳との文体比較については、熊楠の章であらためて論じることにする。

一八九三年、帝国大学文科大学を卒業した漱石は、そのまま大学院に進学し、秋には高等師範学校の英語の嘱託講師となった。当時の高師の校長は嘉納治五郎である。

翌年、漱石は精神的に不安定となり、鎌倉の円覚寺に参禅する。このとき三歳年下の鈴木大拙と会い、大拙が英訳した釈宗演の講演原稿を添削している。

大拙の英語について調べているときには、すでに英語科教員の仮免許状まで取得している彼の英語に手を入れるほどの英語力をはたして漱石が持っていたのかどうか、今ひとつ確信が持てなかった。だが、こうして漱石の英語を見てくると、なるほど、若き日の大拙の英語を直す資格は十分にある。

松山、熊本、そしてロンドンへ

一八九五年、漱石は愛媛尋常中学校に英語教師として赴任、翌年にはその職を辞して熊本の第五高等学校の講師となる。松山時代には語彙や文法を細かく解説し、「会話の時間には初めから英語で話」していた（眞鍋嘉一郎「松山時代」）彼が、五高ではまるで違った指導法に切り替えたことが、同校での教え子たる八並則吉の回想（「漱石先生と私」）からもうかがえる。

授業振は、一言にして言えば、粗略であった。嚙んで含める様な丁寧な教え方ではなくて、

「ザ、ネキスト。ザ、ネキスト。」

と次から次に読ませて、不審を聞けば、

「どの字が解らない？……字引を引いたのか？」

という風に反問されるから、滅多に質問もされない。で其の進むこと進むこと。

「粗略」というと聞こえは悪いが、おそらくは生徒が自習をしてきていることを前提として、大きく意味を取る速読の指導に重点を置いたのだろう。この指導法の違いが、学校の違いによるものか、生徒の学力によるものか、それとも彼の教育観の変化によるものか、それはわからない。ただ、教え子の回想をみるかぎり、漱石が会話、文法、精読、速読、何でもござれの万能教師であったことはうかがい知ることができる。

松山時代に中根鏡子と婚約、熊本時代に結婚した漱石は、一九〇〇年に文部省より英語研究のためのイギリス留学を命じられ、単身ロンドンに向かう。このときの船旅の途中に起きた二つの出来事に関する記述が、彼の会話能力を知るための手がかりとなる。

同年一〇月四日、彼は予期せず熊本での知り合いであるイギリス人のノット夫人に船中で

声をかけられ、お茶に誘われる。翌日、夫人の客室を訪ねた漱石は、そこで夫人の知り合いの外国人女性たちに紹介される。彼の日記を見てみよう。

午後三時半Mrs. Nottヲ一等室ニ訪フ女子ハ非常ナ御世辞上手ナリ諸人ニ紹介セラル然レトモ一モ其名ヲ記臆セズ且誰ニモ我英語ニ巧ミナリトテ称賛セラル赤面ノ至ナリ女子ハ音調低ク且一種ノ早口ニテ日本人ト云フ容赦ナク聴取ニク、シテ閉口ナリ無暗ナ挨拶ヲスレバ危険ナリ恐縮セリ……

［現代語訳］
午後三時半、ノット夫人を訪ねて一等客室に行く。女性はとてもお世辞がうまい。多くの人に紹介されたが、一人も名前を覚えていないし、みんなに英語がうまいと称賛されたのは赤面の至りである。女性は声が低く、ある種早口でしゃべり、日本人だからといって容赦してくれないので、聞き取りにくくて閉口した。むやみに挨拶をすれば窮地に陥ると思い、縮み上がってしまった……

次から次へと女性を紹介され、漱石は当惑気味に挨拶を交わす。すると、みな彼の英語がうまいと言う。これは英語教師にとっては屈辱である。英語話者は、ほんとうに英語ができる外国人に対してはそういうお世辞を言わない。　英語がうまいとほめられて喜んでいるようでは駄目だ。

ましてや相手が英語教師であることを知ってほめているのだとしたら、いわゆる「上から目線」の無礼な行為である。漱石もそれを十分にわかっているから赤面したに違いない。もしかしたら、女性たちは彼の職業を知らず、並の日本人との比較において無邪気な称賛の言葉を発したのかもしれない。

ただし、彼女たちが日本人といえども容赦なく早口で話したことは注目に値する。「英語がお上手ですね」とお世辞を言う程度の相手であれば、普通は手加減をしてゆっくり話す。女性たちは、どこかの時点で、この相手なら通常の速度で話をしても大丈夫だと理解したのだろう。

この部分は、漱石の英語力の高さの証明となっている。たしかに彼の聴解能力が十分でなかったことは読み取れるが、作文によって培われた発信能力がずば抜けているために、相手は無意識のうちに母語話者モードに切り替えたのだろう。

漱石の英語とは関係がないが、「女子ハ音調低ク」というのも興味深い所見である。英語話者は日本人よりも腹式発声を多用しているのか、日本人よりも声の低い人が多い。

僕の印象では、とくに英語話者が女性の場合に日本人との声音の差が際立つようだ。また、英語圏で長年生活をした日本人女性のなかにも、一般の日本人女性より声の低い人が多い。もちろん声帯の造りが変わるわけではなく、声の出し方が変わるのである。

本題に戻ろう。ノット夫人主宰の茶席からは早々に逃げ出した漱石だが、同じころ上海（シャンハイ）から乗船してきた宣教師たちとはかなり熱のこもった会話を交わしている。キリスト教こそが唯一の正しい教えだと主張し、東洋人を偶像崇拝者と決めつけて改宗を促すその態度に違和感を覚え、論戦を挑んだのだ。

漱石が実際にどのような英語を話したのかは不明だが、その主張の内容を英文で書きとめた手記が残されている（「断片四A」『漱石全集』第一九巻、二〇一八年）。その一部を見てみよう。

I have no grudge against Christianity, on the contrary I firmly believe that it is a grand religion, and those who can find faith in it, are surely saved by it. Meanwhile, those whom they call idolaters can likewise find salvation in their way of worship, never so gross, provided they have good faith in them.

［拙訳］

私はキリスト教には何の恨みもないどころか、偉大な宗教だと確信しているし、その教えを奉じるものはそれによって救われるに違いない。一方で、宣教師たちが偶像崇拝者と呼ぶ人たちだって、それぞれの信仰によって救いを見出すことができるのであり、その教えを本気で信じているかぎり、その信仰は決して粗悪なものではない。

じつに堂々たる議論ではないか。手記として書きとめるにあたって語彙や文法が整理してあるとはいえ、これほど見事な英語を話されては、英米の宣教師といえど、ぐうの音もでまい。

論戦の場に居合わせた芳賀矢一（一八六七～一九二七。国文学者）は、「夏目氏耶蘇宣教師と語り大にその鼻を挫く。愉快なり」と書き記している（「留学日誌」）。

岡倉天心がアメリカ人に「おまえたちは何ニーズだ？　チャイニーズか、ジャパニーズか、ジャヴァニーズ〈ジャワ人〉か」と冷やかされ、即座に「あんたこそ何キーなんだい？　ヤンキーか、ドンキー〈ろば、馬鹿者〉か、それともモンキーか」と返した現場に居合わせた横山大観は、のちにこのやり取りを好んで語ったというが、芳賀もまたよほど胸のすく思いがしたことだろう。天心の切り返しは、まさに一瞬の返し技一本だが、漱石と宣教師のやり取りについては、漱石に寝技でじりじりと締め上げられた宣教師たちが「参った」と畳を叩いたという感じだろうか。

ロンドン時代

ロンドンに到着した漱石は、まずはガワー街に居を定め、二ヵ月ほどロンドン大学ユニヴァーシティ・カレッジのケア教授の授業を聴講、そののちは教授から紹介されたシェイクスピア学者クレイグ教授の個人授業を受けながら、下宿にこもって英文学の本を読みあさった。

ロンドン時代の漱石について、英語が通じないためにノイローゼになって部屋にこもりっきりになったというような俗説がある。ここには、いくつか違った情報が間違った形で組み合わされているようだ。まず、コックニーをはじめとするロンドンの人間の訛（なまり）が聴き取りづらく、会話が思うに任せないとの日記の記述。それから、留学二年目に彼が精神に変調を来したという事実。それと彼の生活ぶりを強引に因果関係でつなぐと、たしかにそのような理屈になるのはわからないでもない。

コックニー訛については、本来、発音記号を用いて専門的に解説したいところだが、ごく簡単に説明しておく。もともとロンドンのイースト・エンド地区に住む労働者たちの英語の訛だったが、ロンドンの下町訛として広く知られるようになった。江戸弁に対応するものだと考えてもらえばいいだろうか。

典型的な特徴としては、「エイ」の音が「アイ」、「アイ」の音が「オイ」のように発音され、語頭のh（エイチ）の音が落ちる。劇作家ジョージ・バーナード・ショーの『ピグマリオン』（一九一三年）を元にしたミュージカル映画『マイ・フェア・レディ』（一九六四年）のなかでオードリー・ヘップバーン扮する花売り娘イライザがもともと話していた英語の訛だと言えば、おわかりになる読者もいるだろうか。

ロンドン時代の漱石が俗に言われるような「引きこもり」でなかったことは、たとえば佐々木英昭が『夏目漱石——人間は電車ぢやありませんから』（二〇一六年）のなかで実証的に論じており、また日記の記述に基づいて漱石は英会話が得意でなかったとする説に対しても、とくに英語・英文学関係者によって説得力のある反論が展開されている。

ただし、時として過剰弁護とも言える論が展開されることがある。たとえば、次のような議論は言語習得論や論理学の観点から見て面白いので、授業の教材として学生と分析することにしている。

「［コックネーと称する言語に至っては］我輩には到底分からない」という言葉を持って漱石の会話力の乏しかった証拠と考えたら、とんでもない間違いである。……筆者自身、日本人でありながら東北のある農村で完全なコミュニケーション不能を経験し、通訳してもらった経験がある。テレビ映画にもなって評判のよい『刑事コロンボ』の中に、コロンボ刑事がロンドン警察で大活躍をする話（「ロンドンの傘」）があり、その中に、コロンボがコクニー訛りを聞いて「彼、いま何と言ったのですか」とたずねる場面がある。同じ英語国民ですらこのざまである。だが漱石は「然し教育ある上等社会の言語は大抵通ずるから差支ない」と言う。つまり、漱石はコロンボ並みなのである。

（森常治「『平泉試案』の社会的背景」『英語教育問題の変遷』一九七九年）

さて、どこがおかしいのかと学生に問いかけると、いろいろと興味深い論点が出てくる。まず、外国語の方言が聴き取れないのと、母国の方言が聴き取れないのは同じ程度の「コミュニケーション不能」なのか。ロンドンのコックニー訛は、本当にアメリカ人にも聴き取りにくいのだろうか。どこどどこをつなぐと、「漱石はコロンボ並み」という理屈にたどり着くのか、などなど。

じつを言えば、コロンボが本当にコックニー訛を聴き取れずに先の問いを発したのかどうかも重要なのだが、この論点はかなりの上級編らしく、学生の口からはほとんど出てこない。実際に「ロンドンの傘」を見てみると、ロンドンに到着して間もないコロンボが、事情もわからぬままいきなり具体的な状況説明を聞き、その内容を確認しようとしているのであって、コックニー訛が聴き取れていないわけではなさそうだ。事実、犯人の目星がついてからのコロンボは、ドラマの設定上、ロンドン訛の強い劇場の使用人とも普通にやり取りをしている。

だいぶ脱線してしまったが、要するに、漱石を弁護したい気持ちはよくわかるとして、母語の方言と外国語の方言の聴き取りづらさを同列に並べるのはやはり無理がある。もしかしたら英文読解と英作文において漱石が並の英語話者をしのぐ能力を持っていたという議論で弁護を試みるなら、諸手を挙げて賛成する。ただし、聴き取りは苦手だったかもしれないが。

留学二年目の漱石が、当時の用語で言えば「神経衰弱」を発症していたことは、多くの資料から確認できる。通説では、ロンドンでその様子を見た岡倉由三郎が「夏目狂セリ」と打電したことになっているが、佐々木（前掲書）によると、どうもこれは事実ではないらしい。

たしかに、「狂セリ」とはあまりに強い言葉で、最初にこの通説を耳にしたときには、岡倉が才能ある同業者を陥れようとしたのではないかとまで邪推してしまった。じつのところ、そのような奸計をめぐらしたとして土井晩翠（一八七一～一九五二。詩人、英文学者で「荒城の月」の作詞者）が疑われたこともあるらしいが、土井本人は関与を否定している。いずれにせよ、夏目の精神の異常を（多少大げさに）日本に知らせた人物がいたことは事実で、その動機も含め、好奇心をそそるミステリーではある。

精神に変調を来しながらも、漱石は二年半あまりの留学を終えて帰国、東京帝国大学文科大学講師となり、英文学を講じることとなった。『怪談』で有名な文学者ラフカディオ・ハーンの後任である。

漱石が到達した境地

帰国後の漱石は、帝大、一高、明治大学などで教鞭を執るかたわら、『吾輩は猫である』を皮切りに小説を書きはじめ、教職を辞してからは本格的に小説家としての道を歩むことになる。『坊っちゃん』、『草枕』、『三四郎』、『それから』、『門』、『こゝろ』をはじめとする名作については、国文学者でもない僕がいまさらここで紹介するまでもないだろう。

ただ、漱石が晩年まで英語の学習と教育への興味を失わなかったことは、「語学養成法」(『學生』一九一一年)と題された随筆からも十分にうかがうことができる。その冒頭部で、彼は学生の英語力の急激な低下について次のように論じている。

> 私の思う所に由(よ)ると、英語の力の衰えた一原因は、日本の教育が正当な順序で発達した結果で、一方から云うと当然のことである。何故かと云うに、吾々(われわれ)の学問をした時代は、総(すべ)ての普通学は皆英語で遣(や)らせられ、地理、歴史、数学、動植物、その他如何(いか)なる学科も皆外国語の教科書で学んだが、吾々より少し以前の人に成ると、答案まで英語で

書いたものが多い。……処(ところ)が「日本」と云う頭を持って、独立した国家という点から考えると、かゝる教育は一種の屈辱で、恰度(ちょうど)、英国の属国印度と云ったような感じが起る。日本の nationality は誰が見ても大切である。英語の知識位と交換の出来る筈(はず)のものではない。

授業を英語で行えば大学がもっとグローバル化すると信じて疑わない、いまの大学人にこそ読んでほしい文章だ。だが、おそらくこれは、英文学と格闘してきた漱石が築き上げた英語との関係性なのではないか。本気で英文学を学ぶけれども、精神まで英語に支配されてなるものかとの強い意志が感じられる。

もう一つ、漱石と英語・英文学との関係性を暗示するものとして、彼が帰国後間もないころに書いたと思われる英詩がある。

Lonely I sit in my lonesome chamber
　　And cricket chirps.
My lamp lies lonely half in slumber
　　And cricket chirps.

Soul, in dim conscious delight
　In cricket chirps,
Lost and forlorn, forlorn and bright
　　With cricket chirps.

Is it my soul or only cricket
That chirps so lonely in my chamber?
Still cricket chirps,
　　Chirping
Chin—chi—ro—rin.

〔山内久明訳〕
ただ独り孤独なる部屋に坐せば
　蟋蟀（こおろぎ）の鳴き声しきり。
灯火も孤独になかばまどろむがごとく

蟋蟀の鳴き声しきり。

魂が夢うつつに楽しむ
　蟋蟀の鳴き声しきり、
茫然自失して、寂しくも楽しき
　蟋蟀の鳴き声しきり。

あれはわが魂か、蟋蟀か、
　かくも孤独にわが部屋で鳴くのは。
絶え間なく蟋蟀の声しきり、
　鳴き続く歌声は
チン、チ、ロ、リン。

前著で取り上げた西脇順三郎の英詩が多分にモダニズム的であるとすれば、ここにはイギリス・ロマン派の影響が感じられるが、さらにそこを通り越して俳句のような情感を醸し出している。そもそも、英詩でありながら、なぜコオロギが「チン、チ、ロ、リン」と鳴くのか。耳に響く虫の音は日本語なのか、英語なのか、その両者の対立を乗り越えた自らの心の声なのか。そんな自問すら聞こえてくるようだ。

自分の一部となった英語・英文学を自在に織り込むことのできる漱石の筆は、数々の文学作品を生み出したのち、一九一六（大正五）年、その動きを止めた。漱石、胃潰瘍(いかいよう)のために病床に伏したのち、四九歳の若さで死去する。

第Ⅲ章

南方熊楠

MINAKATA Kumagusu

❖南方熊楠　*MINAKATA Kumagusu 1867–1941*

いまでこそ海外の学会誌や専門誌に英語論文を投稿する日本人研究者も少なくない。だが、母語話者による添削指導を受けることなく、内容、英文ともにそのまま掲載に値する文章を独力で書くことができる日本人がどれだけいるだろうか。明治から昭和にかけて、それを難なくやってのけた日本人がいた。その名は南方熊楠。一般には民俗学者・博物学者として知られる在野の研究者である。

彼は、イギリスの科学雑誌『ネイチャー』と、人文・社会科学関係の意見・情報交換のための週刊誌『ノーツ・アンド・クウィアリーズ』に生涯で三七六篇もの英文論考・随筆を発表した。その英文もじつに上質である。熊楠というと奇人として語られることも多いため、その業績が人知を超えた不思議な能力の賜物（たまもの）として片づけられてしまいがちだが、彼の英語学習は、独特であるとはいえ、きわめて理に適（かな）ったものであった。

高度な英語学習の「理」を探る

南方熊楠（みなかたくまぐす）は、天体から粘菌（ねんきん）に至るまで森羅万象を究めようとした知の巨人である。一方で、人を殴ったり、あるいは平気で人前に醜態（しゅうたい）をさらしたり、奇行・蛮行の人でもある。

彼の偉大なる学問業績がそのような奇行・蛮行と表裏一体のものとして語られることがあり、摩訶不思議な能力によって偉業を成し遂げた熊楠の特異な人物像が作り上げられてきたことは否めない。

たしかに、熊楠に関する著作を読むと、彼の知的あるいは身体的能力に関し、にわかには信じがたい部分が少なからず存在する。もしかしたら、奇行・蛮行と偉業とを結ぶ論理のなかに、これだけの偉業を成し遂げた天才であれば相当な変人であったに違いないとの憶測が入り込んでいるのかもしれない。

さらに、熊楠研究家の田村義也の言葉を借りれば（「作られた『熊楠伝説』」『kotoba』第一九号）、熊楠自身による「自己伝説化」が謎を深めている可能性もある。そうなると、彼の英語学習を探るにあたり、本人の証言や回想は多少疑ってかかるのがよさそうだ。

ただし、熊楠が生涯で三七六篇の英文論考・随筆を残したことは、ほぼ疑いようがない。そこからうかがわれる英語力は、決して「天賦の才」とか「超人的な記憶力」だけでは説明がつかない。おそらく、一見無秩序に見える生活のどこかで、彼がきわめて理に適った英語学習をしていたと考えざるを得ないのだ。

本章では、この謎に満ちた偉人の生活のなかに、高度な英語学習の「理」を探っていく。

幼少期の書写学習

南方熊楠は、一八六七（慶応三）年四月一五日、金物商の父南方弥兵衛、母すみの次男として和歌山市に生まれた。自ら語るところによれば、「幼少より学問を好み、書籍を求めて八、九歳のころより二十町、三十町も走りありき借覧し、ことごとく記憶し帰り、反古紙に写し出し、くりかえし読」んでいたという（「履歴書（矢吹義夫宛書簡）」）。

これに続けて彼は、当時の百科事典『和漢三才図会』一〇五巻をはじめ、『本草綱目』、『諸国名所図会』、『大和本草』も一二歳までに写し取ったと書き記している。その写本の一部が和歌山県白浜町の南方熊楠記念館に展示されているが、驚嘆に値するのは、その見事な出来映えである。原書と比較した場合、筆写の精度の高さも一目瞭然だ。

これを記憶だけで書いたのだとすれば、たしかに熊楠はとてつもない能力の持ち主である。それだけの記憶力があったのだとすれば、語学学習に関しても方法論がどうのという問題ではない。何か人知を超えた形で英語を、そして彼が精通していたとされる独、露、仏、伊、西（スペイン）などの外国語を習得したのだろう。だが、どうやら写本作成の件は事実と異なるらしい。

先述の田村によれば、『和漢三才図会』の件については「実証的研究が進み」、「現存資料から見るかぎり、熊楠は全巻筆写ではなく、『抜抄』つまり一部抜き書きを、暗記してではなく借り出して書写することにより行った、と考えられている」という。

とはいえ、これで納得してしまうのは早い。そもそも一〇歳前後の子どもが、百科事典を書き写そうなどと考えるものだろうか。まず、この知的好奇心が熊楠の語学学習の根底にあると考えてよさそうだ。

それから、「書籍を……ことごとく記臆し帰り」という部分については多分に誇張があるにしても、まったく根も葉もないことを「履歴書」と称して書き記すものだろうか。もしかしたら、他人の家で読んだ本の一部を記憶によって筆写することもあったのではないか。

そう仮定すると、まず尋常ならざる注意力で原文を暗記していたはずである。そして、帰り着くまでに何度も何度も文章を復唱する。最後に、家に帰ってから覚えた文章を帳面に書き写す。まさに全身を使った筆写修業であり、これほど効率よく語感を育てる学習法はなかなかない。

百歩譲って、すべての本を手元に置いて、それを見ながら一部を筆写しただけだとしても、

◎南方熊楠　略年譜

西暦（年号）	年齢	事項
一八六七 慶応 三	0	四月一五日（新暦五月一八日）、父南方弥兵衛、母すみの次男として和歌山市に生まれる
一八七三 明治 六	6	雄小学校入学
一八七九 明治 一二	12	和歌山中学校入学
一八八三 一六	16	和歌山中学校を卒業して上京、共立学校に入学
一八八四 一七	17	大学予備門入学
一八八六 一九	19	大学予備門退学、いったん和歌山に戻ったのち、サンフランシスコに向けて出帆
一八八七 二〇	20	サンフランシスコ到着。パシフィック・ビジネス・カレッジ入学。ミシガン州立農学校入学
一八九二 二五	25	渡英。父親死去
一八九三 二六	26	『ネイチャー』に「極東の星座」掲載
一九〇〇 三三	33	帰国
一九〇三 三六	36	英訳『方丈記』完成
一九〇五 三八	38	英訳『方丈記』が英国王立アジア協会の会誌に掲載される
一九〇六 三九	39	闘鶏神社宮司田村宗造の四女松枝と結婚
一九〇七 四〇	40	長男熊弥誕生
一九〇九 四二	42	神社合祀反対の意見を発表

それは単に左にあるものを右に置き換える作業とは違う。短期記憶、言語能力、視覚、触覚を総動員して行われる高度な知的活動である。

中学時代の翻訳学習

熊楠は、新渡戸稲造、岡倉天心、斎藤秀三郎ら、同時代の英語達人たちと違い、特別に早期の英語教育を受けてはいない。彼が最初に英語を学んだのは、一八七九（明治一二）年、一二歳で和歌山中学に入学してからである。

これは、二〇二〇（令和

一九一一	四四	44	柳田国男との交流始まる。長女文枝誕生
一九二六	大正一五	59	柳田国男と訣別
一九二九	昭和四	62	昭和天皇へのご進講
一九四一	一六	74	萎縮腎のため死去

二）年に小学校英語が教科化される以前の多くの日本人が英語学習をはじめた年齢と変わらない。だが熊楠は、筆写癖によって養われた語感によって、確実に英語力をつけていったものと推測される。すでにこの中学時代に、博物学、解剖学、人類学などに関する英語の原書を読んでいたらしい。

ただし、中学時代の成績は芳しいものではなかった。ここがいかにも熊楠らしいところで、教師の講釈など端(はな)から信じていなかった。中学時代の教師のなかで彼が終生「先生」と呼んで慕っていたのは、「軍艦マーチ」の作詞者としても知られる、博物学の鳥山啓(とりやまひらく)だけだったと言われている。

英語学習の話に戻ると、熊楠本人が語るところによれば、彼は中学時代にダナというアメリカ人の書いた『金石学』を辞書を引きながら翻訳し、それによって英語力を向上させたという。中学生の英語学習において翻訳が効果的でありうることを示す好例であろう。

最近の英語教育では、昔ながらの文法・訳読中心の授業が批判の対象となることが多い。過度の反動から、教育の現場では翻訳を忌避する傾向にすらある。さらには、辞書はできるだけ引かず、知らない語句の意味は類推しつつ、大まかな文意を取ることを推奨するような英文読解指導も行われている。

もちろん、熊楠の英語学習法がすべての日本人に有効だとは思わないが、彼にかぎらず日本人が翻訳によって英語力を向上させた例はいくらでもある。辞書を引きながら翻訳をするという当たり前の学習法は、もう少し見直されてもいいころである。

図書館に入り浸る

一八八三（明治一六）年、一六歳で和歌山中学を卒業した熊楠は、上京して神田の共立学校に入学し、大学予備門受験の準備をした。ここで同校の主宰者である高橋是清（のちの内閣総理大臣）に英語を学んでいるらしい。高橋は、ヘボン式ローマ字の創案者ジェイムズ・カーティス・ヘボンに英語を習っているから、熊楠はヘボンの孫弟子になる。

翌年、熊楠は大学予備門（のちの第一高等学校）に入学する。前章で扱った夏目漱石は同期生である。ただし、いかにも熊楠らしく、厳しい規則に縛られた生活が性に合わず、授業そっちのけで上野図書館に通って和漢書を読みあさっていた。

当然ながら、ここでも成績は芳しくなく、一八八六年、彼は自ら予備門での勉学に見切りをつけて退学、いったんは和歌山に戻ったのち、同年末に洋行を決意してサンフランシスコに向けて出帆した。以後、五年数ヵ月の間、アメリカで学ぶことになる。

英語圏に留学して母語話者の授業を受ければ、英語が得意になっても当然だと思われるかもしれない。だが、野人たる熊楠がおとなしく座って授業など聴きつづけるはずもない。本人の回想を見てみよう。

> 商業学校〔パシフィック・ビジネス・カレッジ〕に入りしが、一向商業を好まず。〔明治〕二十年にミシガン州の州立農学に入りしが、耶蘇教をきらいて耶蘇教義の雑（まじ）りたる倫理学等の諸学課の教場へ出でず、欠席すること多く、ただただ林野を歩んで、実物を採りまた観察し、学校の図書館にのみつめきって図書を写し抄（しょう）す。（「履歴書」）

英語を勉強するために英米に留学した僕の目からすると、せっかくアメリカに留学しているのに授業に出ず、学校の図書館に浸りきっているなど、もったいないこと甚だしいが、それが熊楠の勉学のスタイルなのだから仕方がない。それよりも気になるのは、彼が農学校の授業に出るのをやめた理由である。耶蘇（キリスト）教が嫌いだからだという。「履歴書」を厳密に読めば、「耶蘇教義の雑りたる」が「倫理学」だけにかかるのか、それとも「諸学課」までかかるのかは不明だが、いずれにせよ講義の説教臭さが鼻についたのだろうか。もしこの記述を信じるとすれば、渡米後間もない時点で、あるいはすでにそれ以前に、熊楠は耳にした英語の構文を理解するのみならず、その内容にさりげなく入り込む宗教的な音調を繊細に聞き分ける能力を有していたことになる。

アメリカの図書館に入り浸った熊楠の英語修業のなかで特筆に値するものとして、『シェイクスピア全集』を読破したことが挙げられる。しかも、ただ読んだだけではなく、その文章中の言葉遊びと日本文学におけるそれとの対応関係を考えていたというから驚きである。

野口英世もまた、アメリカに向かう船のなかで一心にシェイクスピアを読んでいた(前著第Ⅵ章参照)。英米において膨大な論文を発表し、偉大な業績を上げた二人の偉人が、その修業時代に示し合わせたようにシェイクスピアを耽読(たんどく)していたことは注目に値する。

シェイクスピアの戯曲などというと、とてつもなく古い英語で書かれていると誤解している人が少なくないだろう。だが、英語の進化の区分で言えば、その英語は、我々が習っているものと基本的には同じ文法構造の近代英語である。もちろん、中学や高校で習った英語だけで簡単に読み解ける代物ではないが、正しく英語を勉強してさえいれば、決して読めない英語ではない。

一九九六年に封切られたレオナルド・ディカプリオ主演の映画『ロミオ&ジュリエット』では、現代劇の設定ながら、基本的な台詞(せりふ)は原作のままである。これは、英語の母語話者がこの映画を見て、普通にその台詞を理解することを意味する。教養対実用という不毛な二項対立の議論を展開する前に、シェイクスピアの英語と現代英語との距離を把握しておく必要がありそうだ。

一流雑誌に掲載された英文論考

一八九二（明治二五）年、南方熊楠はイギリスに渡る。渡英直後、父親の訃報に接しながらも、知人の援助を受けてロンドンに滞在すること一年、熊楠に大きな転機が訪れる。いまでは一流科学雑誌として知られる『ネイチャー』に投稿した文章が掲載されることになったのである。

驚くべきことに、その文章を書き上げるのに、彼は誰の手も借りていない。下宿屋の老婆からページの欠けた辞書を借り、自分ひとりで書き上げたのだ。いまでこそ英語で論文を発表する日本人学者は増えたものの、『ネイチャー』に投稿するのに母語話者を頼らない人、そして書いた文章がそのまま採用される人はほとんどいないのではないか。

南方熊楠というとすぐに「粘菌」が連想されるかもしれないが、初めて『ネイチャー』に載った彼の文章は、なんと星座に関するものであった。すでに出版された号でM・A・Bなる人物が星座の構成についての五つの質問を載せているのを受け、そのうちの二つに答える形で寄稿したものである。

「極東の星座」（'The Constellations of the Far East'）と題されたその文章冒頭の英語を見てみよう。

With regard to the questions asked by "M.A.B." about the grouping of stars into constellations（*Nature*, August 17）, I venture to answer the last two, which the limited knowledge of an Oriental may partly meet, hoping thereby to interest some of your readers.

I do not consider that each race necessarily relies on its own plan in the fabrication of constellations. The Coreans and Anamese are said to be still adhering to the Chinese system, and till lately the Japanese were doing so. It is strange to find the latter, replete with so peculiar mythology, on which the national claim for high ancestry rests, possessing very few vernacular constellations.

［拙訳］

「M・A・B」氏から寄せられた星座の分け方に関する質問（『ネイチャー』八月一七日号掲載）に関し、一東洋人の知識の及ぶ限りにおいて、とくにその最後の二つについて回答を試みたい。また、読者諸氏の関心にお応えできれば幸いである。

筆者が思うに、それぞれの民族は必ずしも独自の星座分類法を持っているわけではない。朝鮮人と安南人〔ベトナム人〕はいまだに中国式を用いているそうであり、最近まで日本人も同様であった。日本人が、一方で祖先の由来と信じる独特の神話を国を挙げて信奉しながら、他方で自国独自の星座論を持たないのは、何とも奇妙なことである。

じつに洗練された英文である。まともに作文術などを習ったことのない人間の手になる文章とはとても思えない。やはり筆写によって、知らず知らずのうちに英語のリズムを身につけていたと考えるべきだろう。

ただし、厳密に言うと、この小文には、校正刷りの段階でほんのわずかながら母語話者の手が加わっている。熊楠が独力で書き上げた文章そのものの掲載が認められたことは確かなのだが、それを読んだイギリス人が不自然な表現に目をとめ、忠告をしてくれたのだという。

そのイギリス人は、名をオーガスタス・ウォラストン・フランクスという。大英博物館の考古学民俗学部長を務めていた碩学(せきがく)である。フランクスは、知人に連れられて大英博物館にやってきた日本の青年が『ネイチャー』掲載予定の小文の校正刷りを持っていることに感心し、彼を自宅に招いたばかりでなく、その原稿に目を通してくれたのだ。

フランクスが不自然であるとして指摘したのは、definite sketch という表現である。熊楠は「明確な輪郭」のつもりで使ったようだが、それを言うなら definite outline でなければならない。熊楠は、辞書のなかに sketch と outline が類義語として載っているのを見て混同してしまったらしい。

文体論的な観点からやや専門的なことを言うと、sketch は描写という行為の結果としての「下絵、略図」であり、outline は、行為とは無関係の事物の「外形、輪郭」である。フランクスは、明瞭な outline は存在するが、明瞭な sketch などというものはあり得ないと説明し、しかるべき訂正を示唆した。definite sketch を改めた definite outline の一句は、最終的に発表された文章の最後から二番目の段落の末尾に現れる。

語句同士の結びつき、専門用語で言えば「連語関係（コロケーション）」を考えずに類義語を混同するのは、わりあい初歩的な間違いである。熊楠ほどの英語の使い手が犯したものとしては意外な気がしないでもない。だが、ほかに大きな訂正をしたとの記録はなく、上手の手から水が漏れた程度と考えたい。

彼自身は、「外国語を学ぶに字書（じしょ）のみあてにして」いるからこういう間違いをするのだと自戒しているが、筆写癖に加え、辞書をこまめに引く習慣があったからこそ、むしろこの程度の間違いで済んだとも言えるのだ。そもそも、初めて英語で書いた投稿文にその程度の間違いしか見つからないほうが異常であろう。

この小文が掲載されたのを皮切りに、熊楠は科学雑誌『ネイチャー』と、人文・社会科学関係の意見・情報交換のための週刊誌『ノーツ・アンド・クウィアリーズ』に多数の論考や随筆を発表することになる。当時の両雑誌の性格と熊楠の投稿の経緯については、志村真幸『南方熊楠のロンドン』が詳細に記述しているので、そちらを参照してほしい。

『方丈記』の英訳に挑む

熊楠のイギリス滞在は、一九〇〇年まで八年に及んだ。中国の革命家孫文（そんぶん）との交流をはじめ、その間に起こったさまざまな出来事、あいかわらずの奇行・蛮行については、すでに彼の伝記のなかで詳しく紹介されているので、ここではとくに触れない。

熊楠の語学修業に着目した場合、まず特筆すべきは、彼の筆写学習の証（あかし）である、いわゆる「ロンドン抜書（ぬきがき）帳」だろう。ロンドン滞在中、熊楠は大英博物館に通い詰め、自分の研究に役立ちそうな本を読みあさり、重要な箇所をひたすら抜書きしていた。その分量は、大型ノート五二冊分にものぼる。

これは、のちの論考のための貴重な資料となったばかりでなく、おそらくは、博物学・民俗学関連表現を網羅した、熊楠だけの英語表現辞典になったと思われる。もちろん、先にも述べたとおり、筆写それ自体が立派な語学修業であることは言うまでもない。

僕は、南紀白浜の南方熊楠記念館でこの抜書帳のうちの数冊を見たことがある。展示品だから、見栄えのするページが開いてあったのかもしれないが、そこを差し引いたにせよ、超人的な根気がなければとても作成できないようなものだった。

そして、なんと言っても注目すべきは、帰国三年後の一九〇三年に手掛けた鴨長明（かものちょうめい）の随筆『方丈記』の英訳である。これは、ロンドン大学事務総長を務めていた日本文学研究家フレデリック・ヴィクター・ディキンズとの共同作業によって完成した。

漱石とディクソンの手になる『方丈記』の英訳の場合同様、日英に分かれての二人の共同作業がどのような形で進められたかは定かでないが、少なくとも共訳者としては熊楠の名前が先に記されている。また、のちにこの作品がディキンズ一人の訳業として出版されたとき、熊楠は「小生がこの訳の主要なる作者」（「履歴書」）だと強く主張している。

また、訳文を見るかぎり、日本語の語順や意味を正しく理解していないと作り出せないようなものであることがわかる。これらを考えあわせると、熊楠が訳したものをディキンズが直していくような形での訳業だったかと思われる。

熊楠が訳したとされる『方丈記』（*A Japanese Thoreau of the 12th Century*／Thoreau とは、一九世紀のアメリカの随筆家ヘンリー・デイヴィッド・ソロー）は、一九〇五（明治三八）年、英国王立アジア協会の会誌に発表された。漱石が手掛けた英訳『方丈記』のほうは、一八九二年の日本アジア協会例会におけるディクソンの講演のなかで披露され、翌年発行された『日本アジア協会会報』に掲載されているから、当時のアジア研究において同作が注目されていたということだろうか。

漱石（・ディクソン）訳、熊楠（・ディキンズ）訳それぞれの『方丈記』の冒頭部を、原文と比較しながら読んでみよう。

［漱石訳］

Incessant is the change of water where the stream glides on calmly: the spray appears over a cataract, yet vanishes without a moment's delay. Such is the fate of men in the world and of the houses in which they live.

［熊楠訳］

Of the flowing river the flood ever changeth, on the still pool the foam gathering, vanishing, stayeth not. Such too is the lot of men and of the dwellings of men in this world of ours.

［原文］

ゆく河の流れは絶えずして、しかももとの水にあらず。よどみに浮かぶうたかたは、かつ消えかつ結びて、久しくとゞまりたるためしなし。世中にある人と栖と、又かくのごとし。

少なくとも一文目に関して言えば、漱石訳は多分に創作的である。Incessant is the change of water「水の変化は絶えない」まではいいとして、where the stream glides on calmly「流れが穏やかなところでは」などはどこから出てきたものだろうか。さらに、コロン以下を逆に日本語に訳せば、「急流の上にしぶきが現れるが、一瞬で消えてしまう」となり、原文とはだいぶ違う。

一方、熊楠訳には、原文を忠実に訳出するための工夫が至るところにある。たとえば、「ゆく河の流れ」を普通に訳すとすれば、これを単純に「河の流れ」と理解して the flow of the river という英語の句になる。だが、熊楠訳では、Of the flowing river the flood という具合に、「ゆく」と「河」と「流れ」の意味がきちんと振り分けられ、しかも of the flowing river という限定の句と、この名詞句の核となる the flood の語順が逆転し（普通は the flood of the flowing river の語順となる）、それによって読者の目の前に現れる語彙情報の順番が、原文のそれに近いものとなっている。

また、changeth、stayeth など、昔の三人称単数直接法現在形の動詞（現代の英語では、それぞれ changes、stays となる）を配した擬古文が用いられている。少しでも鎌倉文学の雰囲気を醸(かも)し出そうとする工夫と考えていいだろう。

共同作業によって成った訳とはいえ、ここまで原文を尊重した訳をひねり出したのは、やはり繊細な実地観察に基づく実証の達人たる熊楠のほうであったろう。他方で、これもあくまで僕の推測に過ぎないが、「一二世紀の日本のソロー」という、原題の影すら残さぬ何ともさえない題名を提案したのは、英米文学に慣れ親しんだディキンズのほうではなかったろうか。

誤解のないようにつけ加えておけば、僕はここで漱石訳よりも熊楠訳のほうが優れていると言っているのではない。ましてや、この訳業の比較だけで二人の英語力の優劣を論じるつもりは毛頭ない。試験のように、誰の助けも借りずに同じ条件で仕上げた訳ならともかく、完成に至る状況がまったく違うのだ。

ただ、二つの訳の冒頭部だけを比較した場合、そこに二人の天才の気質の違いが現れていると言うことはできそうだ。そもそも、現代の日本語話者にとってはもはや異言語で書かれていると言ってもいい古典文学を理解し、それを外国語に翻訳できるだけでも、二人が並外れた言語能力を持っていたことは明らかである。

生涯英文論考を執筆

一九〇〇（明治三三）年、三三歳で帰国した熊楠は、しばらく和歌山県内を転々としたのち、〇四年に田辺に居を定め、本格的な研究・執筆活動に入る。一九〇六年、三九歳のときに闘鶏神社宮司田村宗造の四女松枝と結婚した。翌年には長男の熊弥が、四年後には長女の文枝が生まれている。

田辺定住以降の特筆すべき伝記的事実としては、神社合祀反対運動、それをきっかけとする民俗学者柳田国男との交流と訣別、神島での昭和天皇への御進講などが挙げられるだろう。

あらためて熊楠の英語に目を転じると、やはり注目すべきは、彼が生涯にわたって書き続けた英文論考である。先述の『ネイチャー』と『ノーツ・アンド・クウィアリーズ』に発表したものは、イギリス滞在中のものも含めれば、先述したように三七六篇にのぼる。

本数だけ見れば、一人の学者の業績としてにわかには信じがたい量で、やはり熊楠は摩訶不思議な能力の持ち主であったとの解釈で片づけたくなる。だが、一篇一篇をつぶさに読めば、質問に答える形で短い情報を提供している文章も多く、英文の総量自体は驚くには当たらない。

むしろ驚くべきは、それぞれの論考から垣間見える彼の知識量と、生涯にわたって維持しつづけた英作文能力である。とくに僕が驚いたのは、語彙や構文の選択に関する繊細な配慮である。

一九三〇（昭和五）年、熊楠が六三歳のときに『ノーツ・アンド・クウィアリーズ』に発表した文章の一部を見てみよう。不思議な鐘をめぐる民間伝承に関するものである。

Whereas I know nothing about the miraculous bell in Aragon, I can produce some other examples of bells accredited with the power of ringing of itself. During my stay in Nachi, prov. Kii, Japan, whence I used to contribute to 'N. and Q.' for 1903–1904, I frequently saw the so-called One Toll Bell（*Hitotsugane*）in a Buddhist monastery on Mt. Myôhô, which is popularly believed to this day spontaneously to ring once on every occasion a man in nether villages dies.

［拙訳］

アラゴンの不思議な鐘について筆者は何も知らないが、ひとりでに鳴る力が宿るとされるほかの鐘の例をいくつか提示することができる。日本の紀伊の那智村に滞在していたとき、一九〇三年から一九〇四年の間は『ノーツ・アンド・クウィアリーズ』にも投稿したものだが、妙法山の寺〔阿弥陀寺〕にある「ひとつ鐘」をよく見物した。今日まで続く俗信によれば、里村で人が死ぬたびにひとりでに鳴るのだという。

語彙も構文もじつによく考え抜かれていて、それを一つひとつここで解説するつもりはない。ただ、ひとつだけ注目してほしいのは、二文目に現れるspontaneouslyという副詞。この英文を試験に出すとしたら、本文中でほぼ同じ意味を担っている句を選べ、などという問題を作りたくなる（答えはof itself）。

さて、この答えが簡単に導き出せた読者に問いたい。この単語はなぜこの位置にあるのだろうか。spontaneouslyは「自発的に、外の力によらず」という意味の副詞で、ここでは動詞のring「鳴る」に掛かるのだから、なぜその直前か直後にないのだろうか。

もちろん、熊楠がなぜこの単語をこの位置に置いたのか、その真意はわからない。だが、彼がここでいわゆる「分離不定詞（split infinitive）」を避けようとしたことは読み取れる。

まず、先の副詞をringの直後に置いたとしよう。すると、この動詞を修飾する副詞的な文言が後ろに長くなって響きがよくない（と少なくとも僕は思う）。では、believed … to spontaneously ring としたらどうか。ここで「分離不定詞」が登場する。

ほとんどの読者は、中学時代に「to 不定詞」の諸用法を習っているはずである。この「to 不定詞」の to と動詞の原形との間に副詞（相当語句）が入り込んで、その両者が分離してしまうのが「分離不定詞」だ。

いまではさほど気にすることはないとされているが、ラテン語文法の影響を受けた規範的な英文法では、to 不定詞は一体のものであるからして、それが分離するのはよくないと定められている。熊楠は、この規範文法をきっちりと守っているのである。

英語という翼

熊楠は、長年にわたる留学生活の最中ですら、読み書きを中心として英語を学んだ。彼が最終的に身につけた英語力は、日本人が読み書きを通じて身につけうる英語力の最高点に達している。英語は口頭のコミュニケーションを通じて学ぶべきだと主張する人は多いが、彼の業績を見たらぐうの音もでまい。

耳と口で覚えた外国語は、しばらく使わずにいるとたちまち鈍化する。一方、読み書きを通じて地道に身につけた外国語は、たとえすぐには滑らかに口から出てこないとしても、学習者のなかに定着しやすい。とはいえ、誰の助けも借りることなく、一生涯にわたって海外の一流雑誌に英語論考を発表しつづけることを可能ならしめるほどの英語力は、並大抵の努力で身につくものではない。

高校での講演会の際など、生徒から「英語を勉強することの利点は何ですか」と質問されることが少なくない。そのようなとき、何度か「世界への窓が開く」と話したことがある。英語で海外の文献が読めるようになると、それまで日本語だけで閉じていた世界に新しい窓ができ、そこから外が見えるようになる。

熊楠の英語力を何かに譬えるとすれば、それは単に世界を見るための「窓」であるにとどまらず、自由に世界を飛び回るための「翼」だと言えるかもしれない。決して劣化することのない、鍛え上げられた翼。その翼を広げて学問の天空を舞いながら、彼は森羅万象を見てまわったのである。

娘の文枝によれば、臨終の床に就いた熊楠は、「縁の下に小鳥が一羽死んでいる故、明朝丁重に葬ってやってほしい」との謎の言葉を残し、翌日息を引き取ったという（「紫の花――臨終の父――」）。その小鳥は、英語の翼を閉じて永遠の眠りについた熊楠自身なのではないか。僕は勝手にそのような想像をめぐらしている。

第IV章

杉本鉞子

SUGIMOTO Etsu Inagaki

❖杉本鉞子　*SUGIMOTO Etsu Inagaki 1872–1950*

もっとも高度な言語活動が文芸創作であることを疑う人は少ないだろう。たとえ母語を用いたとしても、少なくとも読むに値する詩、小説、戯曲などを書くことのできる人は限られている。ましてや、外国語での文芸創作は至難の業だ。それでも、なかには前著で紹介した西脇順三郎のように英詩を発表したり、ほかの達人たちのように見事な英語で随筆や短い物語文を書いた例もないではないが、日本語母語話者でありながら英語による長編小説を海外で出版したのは杉本鉞子だけではあるまいか。

英文自伝『武士の娘』を発表してアメリカで人気を博した鉞子は、その後『成金の娘』、『農夫の娘』、『お鏡(きょう)お祖母さま』という三作の長編小説を出版する。これらの作品以上に驚くべきは、この偉業が日本でほとんど注目を集めなかった事実だ。その理由はいったい何なのか。彼女の英語学習の軌跡とともに、それを探ってみたい。

『菊と刀』でもっとも引用された著作

アメリカの人類学者ルース・ベネディクトの手になる『菊と刀』（一九四六年）という日本文化論がある。太平洋戦争中、敵国日本の実情を知るために行われた調査が基になっている。「敵を知り己を知れば百戦殆からず」の孫子の兵法を実践していたのは、むしろアメリカのほうだった。

『菊と刀』には、当然ながら、日本に関する多くの文献からの引用がある。とくに日本人が英語で書いた著作からの引用が多いのも特徴的だ。読者はそれがどのような著作だと思われるだろうか。

まずは新渡戸稲造の『武士道』（一八九九年）。これは予想どおりといったところだろうか。岡倉は岡倉でも、天心ではなくて英学者である弟の由三郎の著作からの引用が見られる。鈴木大拙への言及も、およそ納得がいくだろう。そして、彼らより多く引用されているのが、杉本鉞子あるいはエツ・イナガキ・スギモトの『武士の娘』（一九二五年）である。

『菊と刀』は読んだことはあるが、杉本の名も、『武士の娘』が引用されていることも僕はまったく覚えていなかった。むしろ、二〇一三年に植木照代編『エツ・イナガキ・スギモト（杉本鉞子）英文著作集』（以下『著作集』と略す）が出版され、東大教養学部の先輩英語教師だった米文学者の亀井俊介先生の推薦文を目にしたときに初めて知ったと言ったほうがいい。『武士の娘』は、出版当初、ほぼ時を同じくして出版されたF・スコット・フィッツジェラルドの『偉大なるギャッツビー』やアーネスト・ヘミングウェイの『日はまた昇る』と肩を並べるほどの売れ行きを見せ、新渡戸の『武士道』と同様、何ヵ国語にも翻訳されて世界各地で読まれた——こういった謳い文句に引かれ、『著作集』全五巻を購入、一読して自然な英文に驚いた。

これほどの英文作家が日本でほとんど話題になってこなかったのはなぜだろうか。そもそも鉞子の故郷長岡ですら、『武士の娘』はほとんど注目を集めなかったという。『著作集』の編者である植木照代は、同書への長岡人の無関心の裏に、戊辰戦争の際に政府軍に投降した鉞子の父親を「腰抜け平助」と嘲笑った彼らの気質があると推測している。たしかに話を長岡に限定した場合、それも大いに考えられることではある。だが、それだけでは彼女に対する日本人の無関心は説明できない。

もちろん、人の無関心を説明するのは難しい。杉本鉞子という作家の存在すら知らないわけだから、無関心以前の問題だ。では、なぜこれほど優れた英文を書く日本人が知られてこなかったのか。僕は、一つの要因として、英語学習に関する日本人の認識の甘さがあると考えている。

日本人は、ややもすると会話の流暢さや発音のよし悪しで自分たちの英語力を判断する傾向にある。だが、高度な英語力は、むしろ読解力や作文能力として現れる。

その高みを目指して勉強していれば、自然な英文を、ましてや文学的な英文を書く能力を身につけることがいかに難しいかがわかるはずなのだ。そして、鉞子の英文の質がいかに驚異的であるかは、その生い立ちを見ることでさらに際立ってくる。

なお、『武士の娘』が一部フィクションであるとする見方もあるようだが、鉞子の他の著作や伝記との整合性も踏まえ、本稿では同書を自伝として扱う。

生い立ち

杉本鉞子は、一八七二（明治五）年、旧長岡藩筆頭家老稲垣平助の六女として新潟県古志郡川崎村（現在の長岡市）に生まれた。幼少時は、その名につけられた「鉞」の文字が表すとおりの元気な女の子だったらしく、「エッ坊」と呼ばれ、男児のように育てられたらしい。『武士の娘』の記述によれば、鉞子は六歳のときに稲垣家の菩提寺の住職から四書（大学・中庸・論語・孟子）を学んでいる。鉞子が文意を尋ねても、師はまだそれを理解するのは無理だとして、「読書百遍意自ずから通ず」と繰り返し答えたというから、素読学習中心の稽古だったことは容易に想像がつく。

◎杉本鉞子　略年譜

西暦（年号）	年齢	事項
一八七二 明治 五	0	旧長岡藩筆頭家老稲垣平助と母金の六女として新潟県古志郡川崎村に生まれる
一八八一 一四	9	表町下等小学校を卒業し、表町上等小学校に進学
一八八四 一七	12	表町上等小学校卒業
一八八五 一八	13	父平助死去
一八八六 一九	14	兄央アメリカから帰国。杉本松之助との婚約成立
一八八七 二〇	15	華族女学校入学。海岸女学校へ転入
一八八九 二二	17	海岸女学校予備科を卒業、その上級学校である東京英和女学校普通本科に進学
一八九三 二六	21	同女学校卒業。メソジスト監督教会婦人伝道会が設立した美以美小学校の教師となる
一八九八 三一	26	美以美小学校を退職し、渡米。杉本松之助と結婚
一八九九 三二	27	長女花野誕生
一九〇四 三七	32	次女千代野誕生
一九〇八 四一	36	松之助の美術骨董雑貨店 The Nippon 倒産。娘二人を連れて帰国
一九一〇 四三	38	松之助、盲腸炎のため急逝
一九一六 大正 五	44	娘二人を連れて再渡米
一九二〇 九	48	コロンビア大学講師

ちなみに、先の嘉納治五郎の章でも述べたが、新渡戸、岡倉天心、斎藤博もまた幼いときに漢文を仕込まれている。僕は拙著『英語達人塾』において、素読の修練によって磨かれた語学感覚が彼らの英語学習を大いに促進した可能性を指摘した。どうやらこれは鉞子についても言えそうだ。

ところで、『菊と刀』における『武士の娘』からの引用箇所の一つが、ほかならぬこの漢文学習に関する一節である。当該箇所の記述によれば、稽古の最中、鉞子はほんの少

一九二五		一四	53	*A Daughter of the Samurai* アメリカで出版
一九二七	昭和	二	55	帰国
一九三二		七	60	*A Daughter of the Narikin* アメリカで出版
一九三五		一〇	63	*A Daughter of the Nohfu* アメリカで出版
一九四〇		一五	68	*Grandmother O Kyo* アメリカで出版
一九五〇		二五	78	がんのため死去

しだけ膝をずらして身動きをした。すると、それを見咎（とが）めた先生は、「お嬢さん、今日はどうやらお稽古ができる心持ちにないようだ。お部屋に戻って黙想なさい」と言って稽古を終わりにしたという。

日本という国を紹介するにあたって使いたくなるような極端な逸話である。僕は、鉞子が六歳のときの出来事であることも考えあわせ、彼女自身が記憶を無意識に操作し、記述に誇張が加わった可能性もあると考えている。

ただし、かつて豊道春海（ぶんどうしゅんかい）という明治生まれの書家の生涯を調べていたとき、彼が雪の積もった寒い朝に部屋に火鉢を置いて仕事をしていることを知った師匠の西川春洞（にしかわしゅんどう）から、「暖をとってこういうものを書いてはいけない。寒さを忘れて汗が出るくらいでなければ……」と注意されたという本人の回想を読んだことがある。西川が唐津（からつ）藩士の子であることを考えると、現代の我々が精神主義として排除したがる教育の理念が武士道の伝統として受け継がれていたとも考えられる。

一八八一（明治一四）年、九歳になった鉞子は表町（おもてまち）下等小学校を卒業し、表町上等小学校に進学する。その一方で父平助は、養蚕業、宿泊業、印刷業をはじめ、いくつかの商売に手を出してはことごとく失敗し、多額の借財を負った。典型的な「士族の商法」である。その苦労もあってか、一八八五年、鉞子が上等小学校を卒業した翌年、平助は四九歳で他界する。

このようなときに本来頼りになるはずの長男平十郎（へいじゅうろう）（のちに央（なかば）と改名）は、親の決めた縁談を拒み、家出をして軍人となり、父親の葬儀にすら出席しなかった。『武士の娘』の記述から悲壮感は感じられないが、ここまでの状況を考えれば、当時の稲垣家の苦境は容易に想像がつく。

とはいえ、鉞子がアメリカで活躍するきっかけを作ったのも、ほかならぬ兄の央であったから、運命とは不思議なものだ。彼（か）の地で一旗上げようと有金をはたいて渡米した央は、当てが外れて路頭に迷った挙句に帰国するのだが、アメリカで自分を助けてくれた杉本松之助（すぎもとまつのすけ）と妹との縁談を成立させたのである。一八八六年、一四歳の鉞子は、日本に居ながらにして、面識のない二五歳の松之助との結婚に同意した。

英語との出会い

央は、アメリカに嫁ぐ鉞子に英語を学ばせる必要があると考え、翌一八八七年、彼女を東京の華族女学校に入学させた。そこでは、イギリスで勉強をした男性教師が英語を教えていたという。『武士の娘』の記述からすると、これは日本人教師と考えてよさそうだ。同書のなかに稽古科目として英語が登場するのは、これが初めてである。鉞子は、一五歳で初めて正式に英語を学びはじめたことになる。

とはいえ、央はこの学校での女子教育に満足しなかった。礼儀作法やお稽古ごとに教育の重点が置かれていたためである。アメリカで生活するには、アメリカ流の教育を受ける必要があると考えた兄は、数ヵ月ののち、鉞子をメソジスト系のミッション・スクールである海岸女学校に転入させた。

女学校では、英語と聖書の授業を担当する外国人女性教員と、それ以外の授業を担当する複数の日本人男性教授がいたらしい。後者とは授業時以外の接点はほとんどなかったというから、おそらくは外国人女性教員の英語を聴いている時間がかなり長かったのではないかと推測できる。

ただし、不思議なことに、ここまでのところ『武士の娘』には英語学習に関する記述がない。鉞子がのちに書くことになる文芸的英文の質から逆算して、このあたりで夢中になって英語に取り組んでいないと辻褄（つじつま）が合わないのだが、もしかしたら、夢中も夢中、我を忘れて英語を勉強していたために、それを客観的事実として覚えていなかったのだろうか。あるいは、彼女がのちに親交を結ぶことになるアメリカ人の友人がゴースト・ライターを務めたのだろうか。そんな憶測すら脳裏をかすめはじめたころ、同書の半分近くにあたる第一四章「授業」に差し掛かる。

まず、英語に関する知識が貧弱であり、「多少の読み書きはできたものの、自分が話す英語はほとんど理解してもらえないほどのものであった」(I could read and write a little, but my spoken English was scarcely understandable) との記述に出くわした。一五、六歳でこの有様では、ゴースト・ライター説のほうが有力になってきそうだ。

そんなことを思いながらさらに一、二ページ読み進めたところで、僕は思わず「あっ!」と声を出しそうになった。なるほど、これなら質のいい英語を身につけるわけである。そこには、夢中になって英文学作品を読みあさった女学校時代の思い出が記されていたからだ。

英文学作品の多読

鉞子が英文学作品を受け入れるための素地は、幼いころすでに形作られていたと考えることができる。『武士の娘』第一四章冒頭の記述によれば、父親が東京から買って帰った物品のなかに、英米由来の物語本や教科書があり、それらを愛読していたという。

それらは、英文で綴(つづ)られた回想のなかで英語の題名で紹介されているから、英語で読んでいたかのように錯覚しそうになるが、原文を細かく読んでみると、「翻訳」や「翻案」だったと記されている。とはいえ、それを読み込んでいたために、英書を読むようになってからも、文章の奥にある考え方が理解しやすかったという。

鉞子が英文と格闘する様子が、次の一文によく現れている。

I would bend over my desk, hurrying, guessing, skipping whole lines, stumbling along—my dictionary wide open beside me, but I not having time to look—and yet, in some marvellous way, catching ideas.

［拙訳］

机の上に身をかがめ、先を急いだり、意味を推し量ったり、数行まるごと読み飛ばしたり、つまずいたりしながら読み進め——辞書は傍に大きく広げてあるのだが、それを見る暇もなく——それでも、不思議なことに、何が書いてあるのかがつかめるのだ。

さらに少し先を見ると、「ああ、英書は底知れぬ喜びの源泉であった！」とあるから、ただならぬ熱意で読書に励んでいたようだ。

ただし、それに続く一節を読むと、鉞子は、当時出版されていた外国文学の翻訳書も読み込んで、英語学習を進めていったらしい。洋書の翻訳は一八七〇年代後半ごろから急速に進むようになったが、彼女はその恩恵に与(あずか)った初期の日本人英語学習者の一人だったと言える。

昨今のコミュニケーション重視の英語教育では、英文和訳にせよ和文英訳にせよ、翻訳という作業が過去の英語教育の悪弊であるかのように見なされることがあるが、これは甚だしい誤解だと言わざるを得ない。後述する朱牟田夏雄(しゅむたなつお)をはじめ、すぐれた英米文学の翻訳家のなかには高度な英語運用能力を有する人が少なくないが、それは日英両言語を絶えず往来することで、実用にも資する高度な言語感覚が養われるからだと僕は考えている。

ところで、愛読書に関する鉞子の記述のなかに、興味深い誤りが見られる。本人の回想によれば、当時読んだ作品のなかでとりわけ印象深いのはテニソンの「ドーラ」だということなのだが、それに続く説明には『谷間の姫百合(ひめゆり)』の邦題で出版されたとある。だとするとその作品はテニソンの「ドーラ」ではなく、シャーロット・メアリー・ブレイムの『ドーラ・ソーン』という小説のはずである。

そもそもアルフレッド・テニソンの「ドーラ」の出版年は一八八六年である。同作を含む詩集が出版直後に日本に輸入され、原文のまま鉞子の目に触れた可能性も否定はできないが、回想のなかで筋まで取り違えているのはあまりにも不自然だ。

興味深いのは、さらに『武士の娘』を読み進めると、女学校の生徒たちがこぞって恋愛にまつわる外国文学の翻訳を回し読みする様子が描かれ、さらに「イノック・アーデンが私たちの憧れの男性（our hero）だった」との記述がある。『イノック・アーデン』は紛れもなくテニソンの名作であり、本作も「ドーラ」も、愛する人のために自ら身を引いて自己犠牲的な愛を貫く男女の物語である。

ここからは推測に過ぎないが、『谷間の姫百合』の主人公の名がドーラで、『イノック・アーデン』の作者に「ドーラ」という名詩があることから、どこかで鉞子の記憶に混乱が生じたのだろう。いずれにしても、原書や訳書でかなりの量の作品を読んでいるからこその混乱であり、彼女の英語力の基礎が英文学作品の多読によって築かれたことは注目に値する。

「空白の五年間」

一八八九（明治二二）年、鉞子は一七歳で海岸女学校予備科を卒業し、その上級学校である東京英和女学校（現青山学院）普通本科に進学する。先述の恋愛物語の回し読みは、「学校生活三年目」に東京で起こった恋愛物語ブームを受けてのことだというから、進学後の出来事らしい。そして、彼女は一八九三年、女学校を卒業する。

このあとの出来事に関する鉞子の回想には、不明な部分が多い。『鉞子――世界を魅了した「武士の娘」の生涯』の著者の内田義雄は、『武士の娘』で触れられていない女学校卒業から一八九八年の渡米までの期間を「空白の五年間」と呼んでいる。「空白」とはいえ、いまでは多くの研究によって、この五年間の実情がある程度明らかになっている。内田が先述の伝記のなかで注記している研究や資料を基に割り出したところによれば、鉞子は女学校で学費と生活費の全額給付を受けていたため、小学校教師としての五年間の労働を義務付けられたのだという。

派遣先は、メソジスト監督教会婦人伝道会が経済的に恵まれない子どもたちのために浅草に設立した美以美（みいみ）小学校。美以美とは、同教会の本来の英語名であるMethodist Episcopal Missionの頭文字に漢字を当てたものらしい。

五年にも及ぶ教師生活がなぜ『武士の娘』に記されていないのか、それはわからない。本来それが記述されるべきところに置かれているのは、'How I Became a Christian'（私はいかにしてキリスト教徒となったか）という章である。そのような章題をつけながら、「自分がいかにしてキリスト教徒となったのか、はっきりとはわからない」（I do not know exactly how I became a Christian）と書いているところを見ると、当時すでに海外でも読まれていた内村鑑三の英文自叙伝（邦題『余は如何（いか）にして基督信徒となりし乎（か）』）の題名を借用したのだろうか。

とはいえ、メソジスト監督教会のもとで働くからには、その時点ですでにキリスト教に入信していたはずである。もしかしたら、小学校教師としての自分の経験よりもキリスト教への入信の事実のほうが読者の興味を引くと判断し、前者を省いた可能性も考えられる。

「空白の五年間」を経て、一八九八年、いよいよ鉞子は結婚のために渡米する。このとき二六歳。現代の一般的な語学留学の年齢から考えても、とくに早くはない。ミッション系の学校で英語を学んだとはいえ、この歳で初めて英語圏に渡った日本人が、アメリカ人の興味を引く文芸的な英文を次々と発表するのである。あらためて書くが、これがいかに驚くべきことかに気づかないとすれば、英語学習に関する認識が甘すぎると言わざるを得ない。

太平洋を渡る

アメリカに渡る船の上での逸話（第一六章）の一つが英語にまつわるものである。同乗していた知り合いのアメリカ人夫人の体調がすぐれなかったこともあり、鉞子はかなりの時間を日本の雑誌を読んで過ごしていた。その様子を見たほかのアメリカ人の乗客たちは、着物姿の静かな女性には英語が理解できないものと思い込み、彼女や日本人についての噂話に打ち興じていた。ひそひそ話でも、彼女は内容を聴き取っている。

たとえ悪口でなくても、こちらには通じないとの前提でなされる噂話が聞こえてくるのは、あまり気持ちのいいものではない。通じているのに通じない振りを通すのもどこかに無理がある。たまりかねた鉞子は、甲板に英書を持参して読みはじめた。

するとー人の外国婦人が寄ってきて、「英語がお分かりになるのですね」と言い、二人は軽く言葉を交わした。その後、その婦人がほかの外国人に鉞子の英語力を伝えたらしく、鉞子を「あの静かで小柄な日本人」(the quiet little Jap)と評する声は消え、何人かの外国婦人が話しかけてくれるようになった。

ここで「英語がとてもお上手ですね」(You speak very good English; Your English is very good)などと言われたというなら、鉞子の英語も大したことはない。第Ⅱ章で述べたように、英語の母語話者は、本当に英語のできる日本人に対してそういうことはまず言わない。

のちに彼女の次女千代野の夫となる清岡暎一は慶應義塾幼稚舎の主任を務めた英語教師だが、内田の手になる伝記によれば、「杉本鉞子の英語のすばらしさに(心が)打たれた」と語ったという。このころすでにその英語力の基礎ができあがっていたと考えれば、先述の逸話に続いて記される外国人たちとの触れ合いは納得がいく。

現在では想像もつかぬほどの長い船旅と鉄道旅ののちにたどり着いたのは、オハイオ州シンシナティだった。一八九八年、鉞子は松之助と初めて顔を合わせ、新婚生活をはじめた。結婚式から生活全般にわたる世話をしたのは、生涯の友人となる一六歳年上のフローレンス・ウィルソンとその家族、親戚であった。

このウィルソン一族、とくにフローレンスとその母セーラ・ウィルソンは高度な文芸的教養を有していたようだ。フローレンスは、女学生時代からシェイクスピアを中心として英文学に造詣（ぞうけい）が深く、セーラは地元の文芸クラブに所属していた。他国についての研究をし、その成果を随筆の形にして会員の間で披露し合うクラブであったらしく、鉞子もこの「お母さん」に連れられて、その活動に参加している。

鉞子は、アメリカでの生活がはじまったときから「英語が上達するように毎日新聞を読んだ」（第一七章）というが、ウィルソン母娘との付き合いによって、文芸的センスにさらに磨きをかけたことは間違いない。鉞子の英語学習の中心が書き言葉にあったことは、あらためて確認しておく必要がある。

鉞子は、渡米三年後から『シンシナティ・エンクワイアラー』をはじめとする新聞に小文を寄稿するようになる。いまでこそ英語圏で生活する日本人は珍しくないが、同じことができる人はほんのひと握りではないだろうか。

杉本鉞子研究家の植木も内田も、フローレンスが彼女の英文の添削をするなど、その執筆活動を陰で支えたと指摘している。また、鉞子自身、晩年に「ミス・ウヰルソンは私の書きますものを一々お読み下さり、御自身の日本に於ける御経験から、其処此処（そこここ）に独特の感傷（センチメント）と芳醇（メローネス）を加えて、日本の情緒をアメリカ人にわかり易く説く助けをして下さいました」（『婦人之友』一九四〇年三月号）と述懐している。

しかしながら、フローレンス存命中に鉞子が書いた多量の英文を、いかに親友とはいえ、語彙や構文に至るまで細かく添削し得たかどうか。長年英語教育に携わってきた人間として、大いに疑問を感じる部分がある。

添削の苦痛

四〇年近く大学で英語を教えながらこんなことを言っては身も蓋（ふた）もないが、適度な添削を施すことで日本人の書いた英語が見違えるほどよくなることはほとんどない。英語のチェックを依頼されて預かった文章は、大きく二つに分かれる。一方は、直す必要がないくらい優れた英文。ただし、これはきわめて少ない。

他方は、そのままではどうにもならない英文。なかには意味不明な部分もある。これが圧倒的に多く、とくに昨今の「コミュニケーション」重視の英語教育の影響か、意味不明の部分が増加傾向にある。

少々手を入れたところで、原文の不自然さが残ってしまうので、英文として成立させるためには、こちらが一から書き直すつもりで大幅な修正を施さなくてはならない。英作文の授業であれば、途中まで手を入れて、あとは本人の自主学習に任せるのだが、その英文をどこかに提出、発表する必要があるとなると一苦労だ。

だから、英文の執筆にせよ、和文の英訳にせよ、引き受けるとしたら最初から全部任せてもらいたいのだが、こちらの手間を省こうとして妙な気を利かされて困ることがある。よくあるのが、下書きや下訳をしたものを完成させてほしいという依頼。人が書いた英文を直すくらいなら、こちらが最初から書いたほうが早い。だが、せっせと下準備をした人の顔も立てようとすると、とんでもない手間と時間がかかるのである。

鉞子の英語に話を戻し、僕の経験に基づいて推理をしてみたい。もしも彼女が中途半端な英語の使い手であったとしたら、『著作集』に収められたような高度に文芸的な文章を仕上げるためには、かなりの部分をフローレンスが「創作」していたことになる。だが、そうだとしたら、いくらフローレンスに日本滞在経験があったとはいえ、これほど日本の風景や日本人の会話が自然に、そして正確に描かれるはずがない。

要するに、『著作集』の英文は基本的に鉞子が書いたと僕は考える。もちろんフローレンスの手助けもあったろうが、語彙や構文の添削というよりは、全体を見通して、ここはこういう書き方をしたほうがいい、この表現はこっちに変えたほうがいい、といったアドバイスだったのではなかったろうか。

日本人が演出する「日本らしさ」

『武士の娘』は、基本的に自叙伝の体裁で書かれているが、ところどころに会話描写が挿入される。そのため、小説を読んでいるような気分になることがある。

僕は同書を開いてから、同じような文芸作品をどこかで読んだことがあるような不思議な親近感を持って読み進めた。そして、間もなくしてその親近感の理由がわかった。愛読してきたカズオ・イシグロの小説の文体に近いのだ。

もちろん、イシグロは英語の母語話者であり、ノーベル文学賞受賞作家である。文学的な意匠（いしょう）において、『武士の娘』はイシグロ作品に及ぶべくもない。だが、ある一点で、イシグロ作品をはるかにしのぐ。それは日本や日本人に関する描写が自然なことである。

イシグロの描く日本には、日本人の感覚からすると不自然と思われる部分——家の間取りや調度品、人名や店名、お辞儀をするタイミングなど——が散見する。あるいは、「黒い鳥」が群がっていた、というような描写もあるが、日本人作家であれば、まず確実に鳥の種類を特定するだろう。

日本人として、イシグロの描く日本を本当の日本と思わないでほしいとの思いはあるが、彼はあくまで幼少時の記憶や後日に仕入れた情報に基づいて日本を描いているのであり、それ自体に罪はない。僕が問題だと思うのは、外国人が好みそうな偽りの日本を日本人自身が演出することだ。

日本の観光地や空港などで外国人向けの土産屋を覗（のぞ）くと、「キモノ」と称する派手な薄地の単衣（ひとえ）をはじめ、日本人向けには見たこともないような品物が並んでいることがある。あるいは、日本人学生が海外に留学する際、手軽な浴衣（ゆかた）を持っていき、それを着物と称して羽織っては日本文化の紹介などをするものだから、浴衣風の部屋着を指す**kimono**という英単語までできてしまった。

じつは、『武士の娘』のなかに**Matsuo**の名で登場する鉞子の夫松之助も、シンシナティに開いた美術骨董（こっとう）雑貨店**The Nippon**において、偽りの日本を商売の種にしていた。鉞子がその店に行って違和感を覚えたときの様子が小説風の見事な文体で描かれている。

A few days after, I went down to Matsuo's store and he showed me whole shelves of articles called Japanese, the sight of which would have filled any inhabitant of Japan with a puzzled wonder as to what the European articles could be. They were all marked, "Made in Japan." Matsuo said that they had been designed by Americans, in shapes suitable for use in this country, then made to order in Japanese factories and shipped direct to America, without having been seen in Japan outside the factory. That troubled me, but

Matsuo shrugged his shoulders.

"As long as Americans want them, design them, order them, and are satisfied, there will be merchants to supply," he said.

"But they are not Japanese things."

"No," he replied. "But genuine things do not sell. People think they are too frail and not gay enough." Then he added slowly, "The only remedy is in education; and that will have to begin here."

［拙訳］

数日後、私が松雄の店に行くと、彼は棚一杯に積まれた和物と呼ばれる品々を見せてくれた。日本に住んでいる人であれば、一目見て、一体この洋物は何だろうと頭を捻(ひね)ってしまうような品物だ。いずれも「日本製」と記されている。松雄によれば、アメリカ人が、この国での用途に合うような形に設計し、それから日本の工場に発注し、その工場以外では誰の目にも触れることなく直接アメリカに送り届けられるのだという。私が困惑していると、松雄は肩をすぼめた。

「アメリカ人が欲しがって、設計して、注文して、それで満足しているんだ。それを商う人間は出てくるさ」と彼は言った。

「でも、日本の物ではありませんわ」

「もちろん」彼は答えた。「だけど、本物だと売れないんだ。アメリカ人にとってはあまりに華奢（きゃしゃ）な作りで、華やかさに欠けるんだろうな」それから、彼はゆっくりと付け加えた。「その見方を変えるには教育しかない。だから、ここからはじめなくちゃいけないんだ」


松雄（松之助）の最後の台詞が具体的に何を表しているのか、彼がどこまで妻の思いを理解していたかはわからない。だが、偽りの日本に大いなる違和感を抱いた鉞子は、自分の言葉で、正しい日本を描き出そうとしたに違いない。

日米の教壇に立つ

松之助の店The Nipponは、一時支店を出すほどにまで繁盛していたが、その商いも次第に翳（かげ）りを見せ、開店一〇年目に早くも倒産の憂き目を見る。結婚の翌年に生まれた長女花野、さらにその五年後に生まれた千代野の二人の娘を抱えた鉞子は、夫が事業を立て直すまでの間、日本で過ごすことを決意し、東京の千駄ヶ谷（せんだがや）に居を構えた。

ところが、よくないことは続くもので、一九一〇（明治四三）年、シカゴの支店を整理しに出かけていった松之助がその地で盲腸炎になり、そのまま急死する。いまとは違って、当時、アメリカはすぐに飛んでいける場所ではない。夫の死に目にも会えぬまま、鉞子はそのまま日本にとどまらざるを得なかった。

鉞子は、実家から上京した母親の助けを借りながら、自活の道を探る。もっぱら頼りになるのは、キリスト教徒の共同体と自らの英語力である。日本キリスト教婦人矯風会で英語関係の仕事をする一方、普連土（フレンド）女学校で英語を教えた。

一九一六（大正五）年、鉞子は娘二人を連れてふたたび渡米する。そして、ウィルソン一族の世話になりながら、以前にも増して精力的に執筆・投稿活動を行うようになる。同年、娘たちの教育を考えてニューヨークに移住、花野をセント・アガサ女学校、さらにコロンビア大学と連携関係にあるバーナード女子大学へ、千代野をコロンビア大学附属のホレスマン小学校へ入学させた。

このコロンビア大学との接点が、鉞子の経験の幅を大きく広げることになる。もちろん、それまでの執筆活動が評価されたことにもよるのだろうが、コロンビア大学で日本語・日本文化史の非常勤講師を務めることになったのである。日本人女性としては、初めてのことだったらしい。

日本文化史を教えるとなれば、個人的体験だけではない日本文化の諸相を網羅的・体系的に講じなければならない。しかも使用言語は英語である。英語圏に長年住んだだけの日本人には、とてもできることではない。

鉞子の代表作『武士の娘』は、彼女がコロンビア大学の非常勤講師を務めていたときの雑誌連載をまとめて、一九二五年に出版したものである。また、『菊と刀』の著者ルース・ベネディクトも、同じ時期にコロンビア大学で学び、のちに教鞭を執ることになる。

二人に交流があったかどうかは確認されていないが、のちにアメリカにおける日本研究の重要拠点となるコロンビア大学のキャンパスを、同じ時期にこの二人が歩いていたことは注目に値する。

帰国とその後の執筆活動

コロンビア大学で六年間講師を務めた鉞子は、一九二七（昭和二）年、一時帰国のつもりで日本に戻ったものの、そのまま二度と渡米することはなかった。この帰国の前後も、彼女は次々と英語による作品を発表する。それがまたなかなかの難物なのである。

まず不思議なのが、帰国の前年にナンシー・ヴァージニア・オーステンと共著で出版した『太郎と花を連れての日本滞在記』（一九二六年）だ。これをどういう作品と捉えればいいのか、よくわからない。

アメリカで暮らす矢田夫人が二人の子どもを連れて里帰りするというのが基本的な設定だが、日本語が話せない太郎と花が馴染みのない日本文化を次々に体験していく以外、特別な筋書きはない。鉞子自身が二人の娘を連れて帰国したときの経験が反映されているのかもしれないが、部分的にでも共著者たるアメリカ人の視点を取る選択はなかったのだろうか。

とはいえ、日本人による日本文化再発見という体裁で書かれた日本文化紹介の本と割り切って読めば、大いに納得がいく。むしろ、かつて日本の英語教科書のなかによくあったような(いまでもあるかな?)、日本の少年少女が英語圏に行ってそこの言語・文化を新鮮な感動とともに味わう設定の英文よりもよほど内容的に深みがあり、「発信型」を標榜する昨今の英語教育の現場でこそ読まれるべき本である。

そして驚くべきは、アメリカのダブルデイ・ドーラン社から出版された『成金の娘』(一九三二年)、『農夫の娘』(一九三五年)、『お鏡お祖母さま』(一九四〇年)の三作である。題名からすると『武士の娘』と同じ体裁の本かと思いきや、これらはすべてを見通す「全知の語り手」が語る立派な長編小説なのだ。

『成金の娘』は、主人公の雪子が、華族をはじめとする上流階級の人々との付き合いのなかで結婚をはじめとする人生経験を積むが、最終的に出家して浄雪という名の尼僧となる物語。

『農夫の娘』は、近代化の波が押し寄せ、さまざまな価値観がぶつかり合う農村で生きる人々の生活を描く。『お鏡お祖母さま』は、日中戦争の最中、身内の訃報に接しながらもたくましく生きるお祖母さんにまつわるお話である。

英文学研究者の批判を恐れずに言うなら、『武士の娘』が文体的にカズオ・イシグロだとすれば、これら三作はジェイン・オースティンだ。随所に話法を駆使した心理描写もあり、『農夫の娘』に至っては、結婚によるめでたしめでたしの結末までオースティンを思わせる。もちろん、鉞子はイシグロを知るはずもないが、オースティンの小説を読んでいた可能性は大いにある。

文体的にはそれほど見事に英語小説の体裁が整った作品群でありながら、僕はこれら三作を読んで同じ違和感に悩まされた。全体を貫く主題やメッセージが稀薄（きはく）なのである。事物や会話の描写があり、たしかに物語は進んでいくのだが、それが何を表そうとしているのかがまったく読めないのだ。

『お鏡お祖母さま』を読み終わろうかというころ、その理由の一端が見えた気がした。息子を日露戦争で亡くしたお鏡お祖母さまは、米寿を祝ってもらう一方、出征する兵士たちを愛国的な言葉で励ましつつ、すでに出征して中国にいる孫息子の安否を気遣っている。読者としては、反戦を象徴するような出来事や言動を期待しながら物語を読み進めるのだが、その期待は見事に裏切られる。

　時代を考えれば当たり前の話で、同作が出版されたのは一九四〇年、日中戦争の最中であり、日米開戦の直前である。たとえ英語で執筆してアメリカで出版したとしても、国を批判するような小説の作者はたちまち危険人物とされ、創作活動ができない立場に立たされてしまっていたことだろう。実際、太平洋戦争がはじまったとき、アメリカと縁の深い鉞子の身辺を特別高等警察（特高）が嗅ぎ回っていたという。

　より自由な創作が許される時代に生まれたら、鉞子はどんな作品を残したろうか。それはわからない。だが、母語ですら難しい長編小説の執筆という偉業を可能ならしめた英語力は、日本人としてはきわめて特異なものであったことだけは疑いようがない。

　一九四三（昭和一八）年、鉞子は戦火を避けて東京から花野のいる神戸に移住、終戦直後に千代野のいる東京に戻った。そして一九五〇年、鉞子はがんのために七八歳の生涯を閉じる。

　入院中は、付き添った看護婦をして「こんな患者さんは今まで見たことがありません」と言わしめるほど、彼女はどれだけ体が痛んでも、じっとそれに耐えていたという。武士の娘として受けた教育のゆえだろうか。

　そしてまた同じ教育のゆえか、彼女は自らの業績を誇ることもなく、静かにこの世を去っていった。だが、日本の英語教育に携わる人間としてひとたびこの偉業を知ってしまった以上、小器用に英語を話すことに憧れる日本の英語学習者にこれを知らしめるのが自分の責務であると僕は切に感じている。

第V章

❖

勝俣銓吉郎

KATSUMATA Senkichiro

❖勝俣銓吉郎　*KATSUMATA Senkichiro 1872–1959*

専門的に英文を書く日本人の多くは、研究社の『新和英大辞典』と『英和活用大辞典』の世話になっているはずである。これら二冊の辞書を作り上げ、その業績によって英学者として初めて紫綬褒章（しじゅほうしょう）を受章した勝俣銓吉郎。彼はまた三八年の長きにわたって早稲田大学で英語を教え、多くの後進を育てた。

驚くべきことに、勝俣は小学校以外での公教育を受けていない。家の経済的な事情により横浜の郵便局で働きながら苦学して英語を勉強していたとき、たまたま同地を訪れたイギリス人紳士と話す機会を得て活路を開いた。このイギリス人が出してくれた学資金のおかげで彼は本格的に英語を勉強することができるようになったのである。勝俣が話す英語によほどの説得力がなければ、初対面の青年に経済的援助など申し出ることすらなかったはずだ。以後、国民英学会という英語学校で学び、**Japan Times**社で実地の訓練を受けた彼は、日本を代表する英作文の名人として大成する。

とてつもない早稲田の大物

前著を出版して五年ほど経ったとき、早稲田大学の英語関係の大会に呼ばれて話をしたことがある。その懇親会の席上、東大英文科を出て早大教育学部に就職した先輩と久しぶりに挨拶を交わした。しばらくして、先輩がこんなことを教えてくれた。拙著を読んだ早大の生え抜きの先生が、「早稲田にはもっとすごい英語達人がいる」と言ったというのだ。

達人候補選定の際、学閥を意識したことはなかったので、思いもよらぬ指摘だった。あらためて前著の達人たちの出身校・勤務校を見てみると、東大、外語大、慶應、学習院は出てくるが、たしかに早稲田はない。慶應があるのに早稲田がないのだから、早大出身者が不満に思う気持ちも理解できる。

いま思うと不思議なことに、その言葉を聞いたとき、前著の達人選びに不備があったのではないかとの不安は感じなかった。なので、その「もっとすごい」達人が誰かと尋ねもしなかった。

とはいえ、一生懸命調べて選んだ前著の達人たちより「もっとすごい」と言われると、たとえその評に学閥の欲目が影響していたとしても、やはり気になるものだ。あらためて調べてみたところ、ほどなくとてつもない大物が見つかった。それが、本章で取り上げる勝俣銓(かつまたせん)

吉郎である。名前は知ってはいたが、資料が少なく、前回の調査の網に引っ掛からなかった。ただし、勝俣は三八年もの長きにわたって早稲田で教鞭を執ったものの、早大の出身者ではない。それどころか、小学校教育しか受けていない。そのような人物が、いかにして早稲田が誇る、それどころか日本が誇る英文家となったのだろうか。

郵便局員として苦学

勝俣銓吉郎は、一八七二(明治五)年一一月一八日、神奈川県足柄下郡芦之湯村(現在の箱根町)で伊勢屋という旅館を営んでいた勝俣清左衛門、リキ夫妻の長男として生まれた。ほかに姉一人、妹一人、弟二人がいる。本人の戸籍上の本名は銓吉だが、小僧みたいな名前で嫌だというので、のちに自ら「郎」をつけたという。

勝俣が物心つくころには、すでに旅館の経営が傾いており、家は借金の取り立てに悩まされていた。恐ろしい借金取りは「実に『債鬼』であった」と、彼はのちに語っている(「英作文で飯を食うまで」*Current of the World*)。

家計を助けるため、一八八五年一二月、一三歳になった彼は、小学校の卒業を待たずに横浜に出て、郵便局員の採用試験に合格、横浜郵便局に勤務することになった。ここから彼の苦学がはじまる。

苦学ののちに大成した英学者としては、ほかに田中菊雄（たなかきくお）が知られている。田中もまた国鉄の列車給仕として働きながら勉強し、のちに山形大学の教授として教鞭を執った。こういう人たちの意志の強さには感服するばかりだ。

勝俣は、郵便局勤務のかたわら夜学に通い、さらに「一日置きに取れる宿直の明き番を利用し」（「英語修業の五十年」）、一年余りミッション・スクールの横浜英和学校の授業に特別生として出席した。英語に興味を持って英和学校に通ったのか、そこに通った結果として英語が好きになったのか、詳細はわからない。

ミッション・スクールには、多くの西洋人がいる。本人の回想によれば、「西洋人の手で手ほどきをされた僕の英語の知識は、ここで大分仕上げをかけて貰（もら）うことが出来た」（前掲書）。

勝俣はまた、郵便局の同僚と一緒に、バーンズの『ナショナル・リーダー』（Barnes's *New National Readers* 全五巻）の第四巻やスウィントンの『万国史』を読んだ。また、ブリンクリーの『語学独（ひとり）案内』（出来成訓（できしげくに）の手になる略伝には「英語独案内」と出ているが、「語学」が正しいようだ）の例文は、暗唱できるくらいに精読をしたという。

◎勝俣銓吉郎　略年譜

西暦（年号）	年齢	事項
一八七二 明治 五	0	一一月一八日、父清左衛門、母リキの長男として神奈川県足柄下郡芦之湯村に生まれる
一八八四 一七	12	芦之湯村立小学校小学中等二級卒
一八八五 一八	13	横浜郵便局書記となる
一八九六 二九	24	横浜でイギリス人N・G・チャムリー（N.G. Cholmeley）と知り合い、経済的支援を受ける。横浜郵便局を退社して上京し、国民英学会に入学、一二月に卒業
一八九七 三〇	25	ジャパン・タイムズ社入社
一九〇一 三四	29	東京府立第四中学校教諭心得
一九〇二 三五	30	第四中学校を退職し、三井鉱山合名会社に入社。団琢磨の英文秘書となる
一九〇三 三六	31	警視庁警視赤羽友春の次女滝江と結婚
一九〇六 三九	34	早稲田大学講師
一九一一 四四	39	早稲田大学教授
一九一三 大正 二	41	Japan Tourist Bureau 嘱託
一九三九 昭和 一四	67	『英和活用大辞典』出版
一九四三 一八	71	早稲田大学を定年退職
一九四五 二〇	73	外務省終戦連絡中央事務局嘱託

ある英国紳士の厚意

郵便局に勤務して一〇年余りが経った一八九六年初頭、勝俣の運命を大きく変える出来事が起こる。たまたま横浜を訪れていたチャムリー（N.G. Cholmeley）なるイギリス紳士と話をする機会に恵まれたのである。

チャムリーは苦学生の勝俣にいたく同情し、なんと多額の学資をぽんと出してくれた。そのおかげで、勝俣は仕事を辞めて英語修業に専念することができるようになる。チャムリーの厚意にも驚くが、勝

一九四六	二一	74	衆議院臨時翻訳事務嘱託、法務府事務官
一九四八	二三	76	司法省終戦連絡部嘱託
一九五〇	二五	78	立正大学文学部教授
一九五一	二六	79	富士短期大学初代学長、理事兼教授
一九五四	二九	82	『新和英大辞典』出版
一九五七	三二	85	紫綬褒章受章
一九五八	三三	86	『新英和活用大辞典』出版
一九五九	三四	86	死去

保の英語がよほど優れていて、その内容に説得力がなければ、相手もその気にはならなかっただろう。

　勝俣は、終生この恩を忘れなかった。のちに触れる彼の英文著作 *Gleams from Japan*（和光集、一九三七年）は、チャムリーに対する次のような謝辞からはじまる。

TO

N. G. CHOLMELEY, ESQ.

A TOURIST, WHOSE GENEROSITY, MANIFESTED
MORE THAN FORTY YEARS AGO, HAS BEEN OF GREAT
HELP IN THE DEVELOPMENT OF WHAT I AM
I DEDICATE THIS FIRST FRUIT OF
MY LITERARY LABOUR IN HIS MOTHER TONGUE

WITH DUE REVERENCE AND IN GRATEFUL AND
AFFECTIONATE REMEMBRANCE

［拙訳］

N・G・チャムリー様、四〇年以上も前、旅行客であったあなた様から賜ったご厚情の大いなる助けにより今日私がここにあります。ありがたくも懐かしい思い出を胸に、心からの敬意を込めて、あなた様の母語で成した私の初めての文学的著作をここに捧（ささ）げます。

このチャムリーがいかなる人物なのか、それを示す資料は残念ながら見つからなかった。勝俣の伝記にも、一観光客という記述があるのみである。

だが観光で日本を訪れ、たまたまそこで出会った青年の話にいくら心を打たれたとはいえ、多額の学資金を渡すものだろうか。よほどの資産家なのだろうか。

資料がない以上、詳細はわからないのだが、インターネットでN.G. Cholmeleyという名前で検索を掛けると、イギリスの王立職業技能検定協会（The Royal Society of Arts）の協会誌の一九一三年号に'Oil-fields of Burma'（ビルマの油田）と題する論文を寄せているN.G.

Cholmeley, C.S.I. という人物が出てくる。最後の C.S.I. は Companion of the (Order of the) Star of India（インド星勲爵士）の肩書きを意味する。

これが勝俣の恩人と言い切れる証拠はどこにもない。だが、同一人物であるとすると、ただの観光ではなく、何らかの視察の意図を持って日本に来ていた可能性も考えられる。彼の来日の前年、日本は日清戦争に勝利しており、来日六年後の一九〇二年には、対露政策で利害を同じくする日英が同盟を締結することになる。さらに、インターネット検索に引っ掛かった人物の肩書きや論文の題名を考えあわせると、アジアの植民政策に関わるチャムリーなる裕福な英国紳士がその一環として日本の視察に訪れ、たまたま見事な英語を操る青年に出会ったという筋書きも成り立ちそうだ。

もちろん、これはあくまで仮定である。勝俣を支援したイギリス人の厚意の純粋性を疑うつもりは毛頭ない。ただ、こんなふうに考えることで、勝俣が英語学習に目覚めたころの時代背景が見えてくる。

ともあれ、英国紳士チャムリーによる学資金提供のおかげで、勝俣は一八九六年二月に横浜郵便局を退職し、東京に出て本格的な英語修業をはじめる。勝俣二三歳の春のことである。

本格的英語修業と*Japan Times*での実地訓練

上京して間もなく、勝俣は国民英学会の正科に入学した。この学校は、前著の斎藤秀三郎の章にも記したとおり、英学者磯辺彌一郎（いそべやいちろう）が神田に創立した英語専門学校である。斎藤自身、ここで教鞭を執っていたこともあるが、勝俣の上京と同じ年の秋、斎藤は同じ神田に正則英語学校を創設する。その創設がもう少し早ければ、勝俣は国民英学会と正則英語学校のどちらに入学するかで迷っていたかもしれない。

国民英学会の正科を五月に卒業した勝俣は、さらにその英文科に進学し、一二月に卒業した。英学史家の出来成訓は、少なくとも一年在籍しないと卒業できないはずの国民英学会英文科を七ヵ月で修了したのは、「〔横浜郵便局勤務時代の自主学習によって〕身につけた実力のためであろうか」と推測している（「英学者勝俣銓吉郎」）。

ただし、短期の在籍だったためか、当時の実力のゆえか、卒業時の順位は二位。のちに『吾輩は猫である』を英訳した英文学者としてその名を馳せる（はせる）安藤貫一（あんどうかんいち）に後れをとった。

だが、雑誌『英語青年』（一九五九年一二月号）の特集「英学者の生涯——勝俣銓吉郎翁追悼」冒頭の略伝を書いた上井磯吉によれば、「故人が受けた専門教育といえば、履歴の上からはこの一年足らずの間だけで、あとは一切自学自習で体得した実力」であったにもかかわらず、勝俣は「英語に関する限り all round の実力を持っていた」という。章冒頭のプロフィールに記したように、*Gleams from Japan*、『英和活用大辞典』、『新和英大辞典』をはじめ、勝俣の偉業の原動力が、基本的に自学自習によって身につけた英語力だったことは驚嘆に値する。

英学会卒業直後の勝俣の動きについては、先述の上井の略伝が興味深い逸話とともに簡潔に記述しているので、そのまま引用しておく。

国民英学会卒業の翌明治30年、しばらくの間母校英学会で教鞭をとったが、「国民新聞」に出ていたJapan Times社の「少壮有為の英学者至急入用」という広告を見て、採用試験を受けて合格、5月に入社した。……勝俣さんは明治34年4月に退職するまで、満4年勤続した。故人の英文家としての実力はここで養成されたので、「私のほんとうの母校はジャパン・タイムズ社ですよ」とは生前故人の口からよく聞かされた言葉であった。

明治三〇年、つまり一八九七年というと、Japan Times社が設立された年だ。つまり勝俣は、同社創立と同時に「至急入用」となった若手英文記者としていきなり英作文の実地訓練をはじめることになったのである。

すでに即戦力となるほどの英作文能力を有していたこと自体も驚異的だが、Japan Times社での実地での体験こそ英学者のなかでも勝俣を特異な存在たらしめるものとなる。これについては本人も大いに意識していたらしい。「他の先生の英語は学校で『習った英語』を教えるのに対し、私のは実社会で『使った英語』を教えたのである」（「私の歩んだ道」『螢雪時代』）と回想している。

Waseda Eisaku

勝俣の英語を見る前に、もう少し年譜を追ってみよう。

四年の記者生活ののち、勝俣は教職に転向した。「その理由は一つは健康を害ねたこと、もう一つは英文はどうにか書けるようになり、**how** は手に入ったが、頭が空っぽで **what** の方が乏しかったから、比較的暇のある教職について大いに読書し思想力を養おうと思ったから」（前掲書）だという。

一九〇一（明治三四）年、武信由太郎（一八六三〜一九三〇。英語学者。*Japan Times* と『英語青年』の創刊者）の紹介で、勝俣は東京府立第四中学校（現都立戸山高校）教諭心得となった。ところが、翌年にはそこを退職し、三井鉱山合名会社に入社、当時専務を務めていた団琢磨（一八五八〜一九三二。三井財閥の指導者）の英文秘書となる。

上井の略伝によれば、この転職の裏には、結婚準備のために「経済的に楽な所」に移ったという事情があったようだ。その翌年、警視庁警視赤羽友春の次女滝江と結婚する。

三井鉱山に三年勤めた勝俣は、やはり研究への思いを断ち難く、ふたたび教職を目指した。そして、すでに早稲田大学教授になっていた武信の引きで一九〇六年に同大の講師となった。

当初は商学部の英作文を担当したが、以後三八年に及ぶ早大勤務のなかで、教育学部、文学部などの教授も兼務・歴任し、付属の専門部や高等学院にも出講した。講義題目も英文学、英語学を含め多岐に及んだが、本領はやはり英作文教育であり、英文創作だった。

早大勤務時代の勝俣の副業として特筆に値するのは、Japan Tourist Bureau（のちの日本交通公社）の嘱託業務である。この業務の一環として、彼は同社の機関誌に日本文化紹介の英文随筆を多数寄せている。これを集めたものが、あとで触れる *Gleams from Japan*（和光集）だ。

この随筆を寄稿していたときのペンネームが Waseda Eisaku である。ワセダ・エイサクというと役者の名前のようだが、漢字の「早稲田英作」を横文字にしたものだろう。彼がいかに早大と英作文の教育・実践を自分の中心に据えていたかがわかる。

「英借文」と'notebook habit'

さて、外国語として身につける英語力のなかでもっとも高度なものは何かと問われたら、僕は迷うことなく英作文能力だと答える。四〇年におよぶ英語教師生活のなかで、帰国子女やバイリンガルも含め、器用に英語を話す日本人にはずいぶん会ったが、英文家として評価できる日本人は数えるばかりだ。

英作文は英作文でも、前著の西脇順三郎の章でも書いたとおり、英語による研究論文などは、専門的な訓練を受ければ誰でも書けるようになる。英語で論文を発表している程度では自慢にもならないし、ましてや「ネイティブ・チェック」などと称する母語話者による添削を受けなければ英語論文が発表できないようではお話にならない。

英作文上達法を解説するにあたり、僕はかつて拙著『英語達人塾』に次のように書いたことがある。

最初のうちは、継ぎはぎだらけでもいいから、見たことのある表現だけを使って作文をする習慣を身につけること。……一つの文章を書き上げるのに、少なくともその数十倍の関連文献を読んで、使えそうな英語を拾い出すくらいの作業が必要だ。欲を言えば、多読の修業中にもつねに自分が英語を書くときのことを想定し、役に立ちそうな表現が出てきたらノートに書き取っておくくらいの努力をしてほしい。

じつを言うと、これを書いている段階で「英借文」なる表現が脳裏に浮かんでいた。英作文のコツは、実際に使われた英語表現を借用する「英借文」である。この洒落交じりの学習法は、英語教師の間ではよく知られている。

ただ、その表現の出どころがよくわからなかった。そのため拙著では用いなかったのだが、もしかしたら勝俣が言いはじめたのかもしれない。『英語青年』の追悼特集のなかで、教え子の西江定が次のように回想している（「勝俣先生のご授業ぶり」）。

それから英語学習の心構えに及んで、「英作文といいますが、native-speakers の間に通用しない「文を作る」作文でなく先ず「借文」からですね」といわれて学生を笑わせられた。

さらに、自らその修業法を実践していたらしいことが、同じ特集中の多くの記事からうかがい知ることができる。それによると、勝俣はつねに小さな手帳を持ち歩き、英書のなかに使えそうな表現が出てくるとそれをすかさず書きとめていたという。有名な 'notebook habit' だ。

彼はさらにあとでそのページを切り取って保管していた。追悼特集の記事の一つ、佐藤佐市「辞書編集者の生活」によれば、それは一〇〇万枚を超える膨大な資料となり、のちの彼の辞書作りに活かされたという。

同じ記事のなかに勝俣のノートの抜き書きの例が示されているので、その一部を見てみよう。

ばけの皮が……——See if it can really stand the test of time
かどがとれて——Perhaps he was mellowing with age.
手をふきふき——She came up, drying her hands on her apron.
わざときこえるように——He hissed in a loud stage whisper.

これらの抜き書きを見ると、勝俣がどのような発想に基づき、どのような手順で英語表現の収集を行っていたかが見えてくる。日本語と英語が正確に対応していないところが大きな手がかりだ。

まずは一つ目の例である。英語の最後にピリオドがないので、構文全体が見えないが、とりあえず命令文として訳してみると、「それが本当に時の試練に耐えうるものかどうか見てみよう」となる。含意としては、「いつかばけの皮が剝がれる可能性がある」ということだ。

二つ目の英文についても、文全体を訳せば、「彼は年をとるにつれて丸くなっていたのだろう」となる。動詞の mellow だけが「かどがとれる、丸くなる」に対応している。

三つ目も同様で、「手をふきふき」に相当するのは drying her hands だけである。しかも主語に合わせて性別が特定されている。辞書的に記述するのであれば、drying one's hands となるべきところだ。

四つ目の例文は面白い。stage whisper は、本来、舞台の登場人物が、ほかの登場人物には聞こえないが観客には聞こえるという設定で発する「わき台詞」のことだが、これが転じて聞こえよがしの私語を意味することがある。ここでも、英文をそのまま訳せば、「彼は聞こえよがしの囁き声を発した」ということになる。

これらの文例と同業者、弟子たちの証言を考え合わせると、勝俣は英語の文章を読んで、なにか面白い表現を見つけると、その表現に相当する短い日本語を見出しとして記し、例文をまるまる書きとめた。そして、のちに日本語を起点として英語を書く際の参考資料としてためておいたのだろう。

無欲恬淡の学者

つねに手帳を持ち歩き、気になった英語表現を書きためていると聞くと、付け入る隙(すき)もないような厳格な学者を想像してしまう。実際、教え子の一人である増田綱の回想によれば、勝俣は、「英語は気が変になるまでやらねばだめだ」と語る「英語の鬼」であったらしい(「英語を使う」)。

だが、追悼記念特集に収められたほかの複数の回想を見ると、無欲恬淡(てんたん)たる学者の姿も浮かび上がる。いわゆる「天然」な部分もあったようだ。

たとえば、福原麟太郎(ふくはらりんたろう)(一八九四～一九八一。英文学者)は、彼の「ものぐさ」な一面を指摘している。そして、「"Notebook habit"などと言って、なるほど**notebook**には書き取られたかも知れないが、それを整理する段になると、むしろものぐさであったような気がする」と書いている(「勝俣先生のこと」)。

また、福原を含め、複数の追悼文寄稿者が証言していることは、勝俣の英書収集癖とそれにともなう経済的困窮である。彼らの回想によれば、勝俣は本屋に借金をしてまで欲しい本を買いあさったのだという。給料日に月給を受け取ると、すぐに給料袋を持って本屋に出かけ、借金を払うと同時に新しい本を買う。

当然、夫人は黙っていない。そのため勝俣は、買った本を持って帰っても、堂々と玄関からは入らない。あらかじめ生垣の外からそっと庭に差し込んでおく。そして涼しい顔で玄関から入り、あとで夫人の目を盗んで庭に下り、本を回収したのだという。

そんなことをしたところで、給料を持って帰らないのだから、使い道を問い詰められて、どのみちばれるに決まっている。にもかかわらず、おそらくは帰宅直後の小言を避けるためだけに、そのような姑息な手段を実践していたのだろう。

言語学者の萩原恭平は『英語青年』の編集者であった喜安璡太郎から聞いた話として、次のような逸話を紹介している。

> 物欲に枯淡な〔勝俣〕先生が、青年時代、菅野徳助氏の家に食客をしていた頃、身分不相応な大枚十五円の靴をいきなり買って来て、「君これは具合がいいよ。君も買い給え」と言って、「居候のくせに…」と、菅野夫人に叱られたという話や、「ジャパン・タイムス」の記者時代に、夜おそく俥に乗って帰ろうとしたら、家まで十五銭の俥賃が十二銭きりなくて、「十二銭分だけの道中を乗せてくれ」と俥屋にたのんで結局まけてもらった、という話など、いかにも先生らしくてほほえましい逸話ではあるまいか。
>
> （「勝俣先生の思い出」）

紹介されているいずれの事例も、本人は大真面目に振る舞っているのだろうが、周りの人間から見ると、それがいかにも勝俣らしい、「ほほえましい」姿に見えるようだ。こんな学者に一度でいいから会ってみたかった。

Gleams from Japan（和光集）

この辺で、勝俣の英文著書を見てみよう。先にも触れたとおり、彼は一九一三年にJapan Tourist Bureauの嘱託になったときから、外国人を対象とした日本文化紹介の英文随筆を発表しつづけた。それをまとめたものが、三七年出版の*Gleams from Japan*である。内容がいかにも勝俣らしい。各章の題目を和訳すると次のようになる。

日本の釣り、床の間、盆石、日本今昔笑い話、能面師奇譚、香席、正倉院、日本の温泉、虫の声、盆栽、私の蔵書より、鶯、日本の天気、竹、盆景、相撲、雪国にて、刀、古美術をめぐる怪しい商売、川の女王鮎、収集、風景式庭園、日本の風景における松、日本における初期のキリスト教の遺物、日本の古時計、日の丸、景教の記念碑と日本にある二基の模造碑、貨狄様、寺の鐘、文楽、歌御会始、日本独特の風習としての供養。

外国人を対象とした日本文化紹介のための随筆であることを考えると、取り上げた項目に著しい偏りが見られないだろうか。

外国人受けを狙うなら、安っぽい日本趣味に迎合する手もないではない。勝俣の時代であれば、さしずめ富士山、芸者、浮世絵といった項目に食指が動きそうだ。だが、彼はそのような形での受けを狙わなかった。おそらくは心のままに主題を選んだのだろう。そのため、彼の趣味が色濃く反映されている。

たとえば、「日本の釣り（Angling in Japan）」と「川の女王鮎（The *Ayu*, the Queen of the River）」はいずれも文字どおり釣りに関する内容であり、「私の蔵書より（Among My Books）」も、勝俣本人が一時釣りに凝っていた話からはじまる。この最初の随筆では、コイ、フナ、タナゴ、ハゼの釣り方まで解説し、外国人にとってどこまで興味のある話か、甚だ疑問である。

また、蔵書の話や「収集（Collecting）」では、自らの本の収集（癖）を語っている。夫人への弁解として読んでしまうのは、はたして僕だけだろうか。

西欧の文物が意外な形、経路で日本に入り込んでいたことを記述している章もある。「日本における初期のキリスト教の遺物（Early Christian Relics in Japan）」は、墓石、メダイ（メダル）、聖彫像、銅板、鐘、踏み絵など、隠れキリシタンに関わる遺物を紹介している。

「景教の記念碑と日本にある二つの模造碑（The Chinese Nestorian Monument and Its Two Copies）」では、古代中国に伝わったキリスト教ネストリウス派の教義や伝来の歴史を記した「大秦景教流行中国碑」の二つの模造碑がなぜ日本に二基存在するのかを解説している。勝俣はこの文章の冒頭で、それが日本に存在することはあまり知られていないと書いているが、これについては僕も不勉強で知らなかった。

「貨狄様（"Kateki Sama"）」とは、結論から言えば、オランダの人文学者エラスムス（一四六六?〜一五三六）の木像である。ヤン・ヨーステン（一五五七?〜一六二三）やウィリアム・アダムズ（三浦按針。一五六四〜一六二〇）を乗せて一六〇〇年に豊後に漂着したオランダ商船リーフデ号の船尾飾りであった。それが長らく正体不明のまま、古代中国で初めて舟を作ったとされる貨狄と同一視され、栃木県佐野市の龍江院という寺で守られてきたという。

本物の文化発信

四半世紀にわたって書きためた英文随筆のなかには、さまざまな工夫や実験的要素が見て取れる。僕が度肝を抜かれたのは、「能面師奇譚（The Romance of a Mask-maker）」の章である。じつに味わいのある物語文で書かれているのだ。物語のあらすじは次のとおり。

能面師の源五郎は職人気質の大酒飲みで、気分が乗らないと仕事をしない。ようやくできあがった般若の面を息子の源之助が注文主の観世大夫に届けると、こちらも酒を飲んでいたこともあり、仕事の遅れに対する怒りのままに、出来の悪い面だと言ってそれを割ってしまう。息子からその一部始終を聞いた父親は、失意のうちに鑿で首をついて自害する。

父親を失った源之助は、独学で能面作りの修業を積む。腕のいい能面師がいるとの評判を聞いた観世大夫から源之助の元に、奇しくも般若の面の注文が入る。源之助は、父親の受けた恥辱を雪ぐため、その命を奪った鑿を研いで一心に作業を進め、見事な面を作り上げる。

面の出来栄えを喜んだ観世大夫は、早速それを着けてひと差し舞う。ところが、舞いおわるとどうやっても面が外れない。その場に呼ばれた源之助は、自分が源五郎の息子であること、父親が大夫を恨むことなく失意のうちに自害したことを告げ、面を引っ張ると、皮膚の一部が張り付いた血塗りの面が剥がれ落ちた。

ここからは勝俣の英文でお読みいただきたい。

Unmindful of his wound, Kanzedayu, whose heart was very much stirred by Gennosuke's narrative of the death of his father, in which to his regret he was unable to disclaim having had a hand, lamented the death of Gengoro, and begged Gennosuke to convey his sincere apologies to the spirit of his father for his rudeness, which had unfortunately resulted in the tragic end of Gengoro. He warmly praised Gennosuke for the excellence of his craftsmanship, which he estimated to be even superior to that of his departed father. He further remarked that the mask should be kept in the house as a souvenir and an heirloom. The mask was thence known as "Nikutsuki-no-men," or "flesh-clinging mask."

［拙訳］

顔の怪我に構うこともなく、自分が引き起こしてしまったらしい父親の死にまつわる源之助の話にいたく心を乱された観世大夫は、源五郎の死を悼み、自らの無礼に対する心からの謝罪をその御霊（みたま）に届けてほしいと頼んだ。その無礼ゆえに源五郎の悲劇的な死がもたらされてしまったのだ。大夫は源之助の腕を懇（ねんご）ろに称（たた）え、それは死んだ父親以上のものだと評価した。さらに、この面は形見として、家宝として代々守り伝えていくべきものだと言った。以後、この面は「肉付きの面」として知られるようになった。

この物語は、「肉付きの面」として講談の演目にもなっているらしい。

これを読んだとき、その内容と文体、そして英文の質から、僕はラフカディオ・ハーン（小泉八雲）の『怪談』（*Kwaidan*, 1904）を思い出した。お化けの話ではないではないかと思った読者は、ぜひハーンの『怪談』を読んでいただきたい。同書に収められているのは、日本人が考える「怪談話」というよりむしろ「奇談」に近い。

残念ながら、ハーンの『怪談』が広く知られている一方で、勝俣の英文随筆はほとんど知られていない。自らの不勉強を棚に上げて言わせてもらえば、日本人は、国内に存在する価値を見極める眼力が弱いのではないか。

島国に住む者の悲しさか、日本人は概して舶来の文物には大いに興味を示す。自国のものでも、外国人が評価すると、途端に「世界の○○」とか言ってもてはやす。包装紙の意匠として海を渡った浮世絵が、西欧で評価されるや、たちまちその国内での評価を高めたことはよく知られている。

英文著書となると、さらに事態は悪化する。英文の質を評価できる日本人が少ないこともあるのだろう、セオドア・ルーズベルトが評価した新渡戸稲造の『武士道』（*Bushido, the Soul of Japan*, 1899）などを例外として、日本語母語話者の書いた英語には見向きもしない。杉本鉞子の章でも論じたとおりである。

日本の英語教育界において、明治から戦前までの英語教育は文法・読解中心でもっぱら外国文化受容を目的としていた、これからは発信型でなければいけない、という議論がなされることがある。だが、よく見てみると、新渡戸、岡倉天心、鈴木大拙、杉本、勝俣をはじめ、上質の英語で高度な文化発信をしていたのは、明治から戦前までの人たちだ。

本当に発信型の英語教育を行おうとするなら、外国人が書いた日本文化論やネイティブ・チェックを受けた安っぽい日本文化紹介の文章を読むのでなく、勝俣のような名文家の文章を読ませたらどうだろうか。発信型英語教育を唱える人たちも、自ら英語による文化発信の手本を示すべきだと思うのだが、どうだろうか。

日本人が英語を書くための辞書

一九四三（昭和一八）年三月、七〇歳の勝俣は三八年勤めた早稲田大学を定年退職する。すでに太平洋戦争がはじまって一年以上が経過していた。

退職後、「窮乏生活が続くこと2年、英語では飯が食えない」と本人は回想しているが（「私の歩んだ道」）、そんなことを言われると、これから老後を迎える身として甚だ心細くなってしまう。もちろん、そこには勝俣の書籍収集癖と英語が敵国語だったという事情が絡んでいる。

だが日本は敗北し、英語の需要が高まり、彼はふたたび英語で生計を立てることができるようになった。まず、一九四五年の年末に外務省終戦連絡中央事務局嘱託、翌年には衆議院臨時翻訳事務嘱託、また法務府事務官に任じられた。さらに、一九五〇年には立正大学文学部教授、その翌年には富士短期大学長・理事となった。

福原麟太郎の見立てでは「ものぐさ」ではあったかもしれないが、勝俣は生涯で集めた資料を二つの見事な辞書としてまとめ上げた。一つは、一九三九年出版の『英和活用大辞典』（五八年に改訂して『新英和活用大辞典』）、もう一つは五四年出版の『新和英大辞典』である。いずれも研究社から出された、日本人が英語で発信するための辞書であり、弟子や後任編集者の手で改訂され、いまだに根強い人気を誇っている。

とくに勝俣の代表作と目される『英和活用大辞典』は、「連語関係（コロケーション）」として扱われる語句のつながりと相性にいち早く着目した画期的な辞書である。この動詞が自動詞として使われる場合、どのような前置詞と結びつくか、他動詞の場合はどのような目的語を取るか、この名詞を修飾する場合に使われうる形容詞はどのようなものかなどなど、さまざまな疑問に的確に答えてくれる。

一九九五年出版の『新版英和活用大辞典』は、帯と表紙に「英語を書くための38万例」との謳い文句が記されており、「まえがき」には次のように記されている。

　この辞書は勝俣銓吉郎氏の『新英和活用大辞典』（以後『活用』）を改訂する仕事から生まれたものです。勝俣氏は今さら紹介するまでもなく、卓越した英語力をもった日本の英学史上の巨星の一人です。……『活用』増補版の「まえがき」をふたたび引用すれば、勝俣氏の「前後半世紀にわたるノートブック・ハビットの結晶」である『活用』からは、まさに手作りの「個人辞典」の感触が伝わってきますし、氏の用例採集の労は語りつがれて伝説化しています。

僕も英語業界の片隅に身を置く人間なので、英文を書くことが少なくないが、『新版英和活用大辞典』と『新和英大辞典』は、そのような機会にもっとも頻繁に参照する辞書である。知らず知らずのうちに勝俣の **notebook habit** の恩恵に与（あずか）っていたことになる。

この二冊の辞書をはじめとする英語学への貢献が評価され、一九五七（昭和三二）年、勝俣は英学者として初めて紫綬褒章を受章する。死の二年前、八五歳を目前としていた時のことであった。

もしもタイムマシンが存在したら、僕は *Gleams from Japan* とこの二つの辞書を抱えて勝俣に会いにいきたい。彼の自宅の住所を割り出し、それを入力して、門の前に降り立ったとする。かたわらに目をやると、生垣のところで体をかがめ、紙包みを庭のなかに差し込んでいる人物がいる。これがどうやら噂に聞く勝俣先生らしい。

ふと目が合って、「私に用かな？」と先生が気まずそうにこちらに問いかける。何と答えようか。先生の英文著作のファンです、先生の辞書の世話になっている未来の人間です。あるいは、先生の意思を受け継ぎたいと思っている者ですと答えるのは、やや気取りすぎか。待て待て、生垣から本の包みを庭に押し込んでいる先生よりこちらのほうが年上になっているだろうか。そんな空想をめぐらせながら、自分の口元に笑みが浮かんでいることに気づいて愉快になるのである。

第Ⅵ章

❖

朱牟田夏雄

SHUMUTA Natsuo

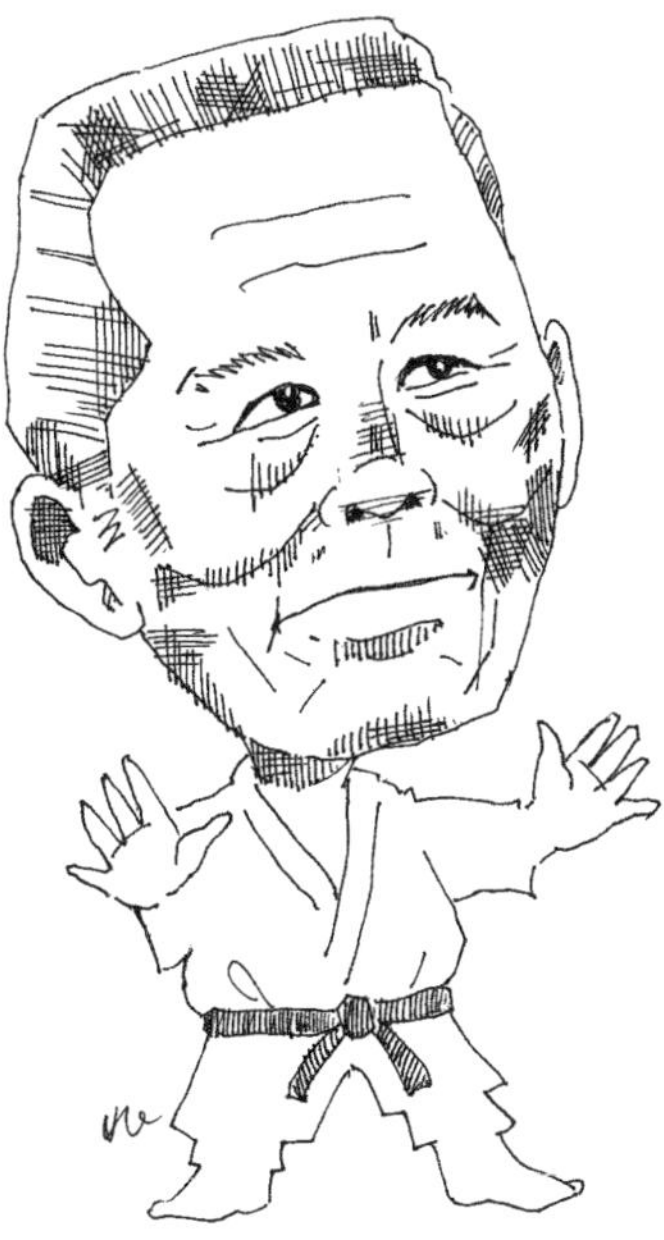

❖朱牟田夏雄　*SHUMUTA Natsuo 1906–87*

大学の教養課程における英語教育は、位置付けがなかなか難しい。英語教育であると同時に教養教育でもあるからだ。また、英語学者、英米文学者、英語教育学者など、それぞれに専門的な研究を行っている教員が授業を担当することが多いため、教養教育に専門教育が入り込んでくることもある。

そのようななかにあって、英語・英文学者をはるかにしのぐ学識と英語力を持ちながら、教養英語教育担当の訳読教師に徹した人物がいた。東京大学教養学部の学部長も務めた朱牟田夏雄である。彼はまた中学・高校における英語教育のあり方や英語教師の役割に関しても提言を行い、英文解釈に関する著作や英文学の名作の翻訳を通じて、英文読解の何たるかを多くの人たちに示しつづけた。いまの英語教育界には、コミュニケーション能力の育成に力を入れるべし、訳読などはもってのほか、との風潮が広がっているが、英語が本当にできるとはどういうことかをあらためて学んでみたい。

翻訳と英文解釈の名人

本書の構想を練るにあたり、前著で扱った達人たちよりも若い世代まで選択の幅を広げてみた。そうなると、僕も四〇年ほど英語業界で生きてきたこともあり、自分の先生、その先生の先生など、だいぶ身近なところまで視野に入ってくる。

前著で母校関係者を扱わなかったのは、その「あとがき」でも書いたとおり、「英語という観点から日本近代史を読み直す」ことを意識して達人候補を探したからである。決して「トウダイ下暗し」（駄洒落で失礼）だったわけではなく、前著で扱った達人に勝るとも劣らない英語の使い手も何人か思いつく。

ただ、母校の先輩を評価するとなると、どうしても師弟関係やらライバル関係やらいろいろなことが見えてしまうし、学者としての力量と英語運用能力の関係をどう捉えたらいいかも気になる。母語話者顔負けの英語を操りながら大きな業績を残さなかった人もいれば、朴訥で英語を器用に話す人ではないが、ぼそりと鋭い言葉を発して海外の英語・英文学の大家を唸らせる先生もいる。英語関連の学問的業績と英語運用能力は、必ずしも連動しない。

大学の英語教師に関して言えば、英語を教える以外に英語に関する専門的な研究を行っている場合が多い。もちろん、その専門的な研究を中心に学生指導を行う人もいる。二足、三足の草鞋を履くのは当たり前なのだ。

そして、無理からぬことだが、多くの大学英語教師は、その専門的な研究を自らの真の生業と考える傾向にある。自ら掲げている看板の上部では英文学者、米文学者、英語学者、英語教育学者を標榜していて、その下に小さく大学英語教師と書いてあるようなものだ。

東京大学の場合、一般教養科目としての英語の教授を担当する駒場の教養学部と本郷の諸学部は、それぞれかつての第一高等学校（一高）と東京帝国大学（帝大）を前身としている。少なくとも僕が前者に職を得た三〇数年前には、暗黙のうちにその関係性が引き継がれていて、英米文学者や英語学者よりも英語教師が下に見られることもあったようだ。

だが、かつて東大の教養学部には、並の英文学者をはるかにしのぐ学識と業績を持ちつつ、自らを「語学教師・訳読教師」と呼び、平然とその役回りに徹した先生がいた。その名を朱牟田夏雄という。一般的には、翻訳と英文解釈の名人として知られた先生である。

英語との出会い

朱牟田夏雄は、一九〇六（明治三九）年、中学教師であった父轍、母ミネの長男として、福岡県三池郡駛馬村（現在の大牟田市駛馬町）に生まれた。翌年には母親と上京し、以後東京で育つことになる。

一九一三（大正二）年、朱牟田は芝区（現港区）立三光（さんこう）尋常小学校に入学する。小学校で英語を教わることはなかったが、「英語的四半自叙伝」によれば、五年の終わりごろ、「中学校に入って英語で苦労するといけないから、すこし早めにはじめておけという」父親の忠告に従い、立教大学の学生の下宿に出かけていき、前著と本書に何度も登場する『ナショナル・リーダー』（Barnes's *New National Readers* 全五巻）の一から習いはじめた。

月謝として三円を包んで持っていったところ、もらい過ぎだと言って頑として一円以上は受け取らないような学生で、授業ぶりも非常に良心的だったという。家庭教師のアルバイトをしているいまの学生諸君にも、ぜひ見習ってほしい。

この学生が発音に厳しかったという点も大いに見習ってほしいが、朱牟田の脳裏には辛い記憶も焼きついている。英語の数え歌を読まされ、**One, one, one/ Little dog, run.** からはじめて **Four, four, four/ Rats on the floor.** まで来たときに、どうしても **four** の音がうまく出ない。何度もやり直しをさせられているうちに目からは涙がこぼれ、声も涙声になってしまった。学生のほうも驚いて、その日の授業はそこで打ち切りになったという。

この学生、そして彼が留守のときに代わりに指導をしてくれたもう一人の下宿生が忙しくなってからは、また別の学生について英語を習った。この早期英語教育は、朱牟田の中学進学にも影響を与えた。

◎朱牟田夏雄　略年譜

西暦（年号）	年齢	事項
一九〇六　明治三九	0	六月二九日、父轍、母ミネの長男として福岡県三池郡駛馬村に生まれる
一九一三　大正二	7	芝区（現港区）立三光尋常小学校に入学
一九一九　八	13	小学校を卒業し、東京高等師範附属中学校に入学
一九二四　一三	18	高師附属中学校を卒業し、第一高等学校文科甲類に入学
一九二七　昭和二	21	一高を卒業し、東京帝国大学文学部英吉利文学科に入学
一九三〇　五	24	東京帝大を卒業し、同大大学院に進学
一九三二　七	26	上海の東亜同文書院に講師として赴任。一一月、教授となる
一九三四　九	28	上海で甘濃すみと結婚
一九四〇　一五	34	東亜同文書院の職を辞して帰国、神戸商業大学予科教授となる
一九四六　二一	40	第一高等学校教授、一一月に東京帝国大学文学部講師となる
一九四九　二四	43	一高が新制東京大学に吸収されたことに伴い、東京大学教養学部助教授となる
一九五一　二六	45	東京大学教授

当初、彼の第一志望は府立一中（現日比谷高校）だったが、腕試しとして、先に入学試験の日程を組んでいる東京高等師範（現筑波大学）附属中学校を受験することにした。すると、その下の附属小学校で英語が教えられていた関係で、受験科目に英語がある。試験範囲は、同小学校で使われている教科書のページ数で指定されている。早速その教科書を買ってきて試験勉強をはじめた。

すでに英語の基礎ができていたこともあって、朱牟田は

一九六〇	三五	54	東京大学教養学部長
一九六三	三八	57	大学英語教育学会（ＪＡＣＥＴ）初代会長に就任
一九六七	四二	61	東京大学を退官。中央大学文学部教授となる
一九六八	四三	62	フルブライト委員会事務局長に就任
一九七七	五二	71	中央大学教授を定年退職、帝京大学文学部教授となる
一九八七	六二	81	心不全のため死去

この受験勉強を通じて高師附属中に興味を持ち出したようだ。試験にも合格し、同校についてさらに詳しく知るにつれて「大へんよい学校のように思えて来」て、府立一中の受験は放棄、そのまま同附属中に進学した。

同校の主要科目の授業は、一人の教師が同じ学年を一人で担当し、そのまま五年間持ち上がるようになっていた。朱牟田たちの学年の英語担当は篠田錦策という先生であった。英作文に関する著作もあり、のちに高等師範の教授も務めることになる優秀な先生で、朱牟田は、先述の回想のなかで「ぼくの英語力の根幹を作って下さったのは一に同〔篠田〕先生だと、今でも感謝している」と記している。

辞書を引きながら洋書を読む生活

一九二四（大正一三）年に高師附属中を卒業した朱牟田は、第一高等学校に入学する。入学試験の成績は文科で首席であったという。なお、同年の秋には、柔道部に入部している。

二年次の進路選択の際、先の回想文によれば、「深い思慮の上に立って決断されたというよりも……思いつき的気まぐれ的な決心によって」、法学部ではなく文学部への進学を決意する。そして、一九二七（昭和二）年、一高を卒業した彼は、東京帝国大学文学部英吉利（イギリス）文学科に入学する。ここから本格的な英語・英文学修業がはじまる。彼は、さらにそのまま大学院に進学した。

英文科の大学院の英語修業は地味なものだ。僕も経験者だからよくわかる。とにかくひたすら英語の作品と論文を読む。偉そうな顔をした僕の一つ上の先輩からは、作品にせよ論文にせよ、一日一〇〇ページ読めと言われた。これは本人も実践していたかどうか疑わしい。

拙著『努力論』で紹介した英文学の碩学、小池銈（けい）先生にある米文学者が一日あたりの英書の読書量を尋ねたところ、「最近はだいぶ読む速度が落ちましたが、一日に二百五十ページくらいですかね」と答えて相手を驚かせた。だが、小池先生ならありそうな話だ。

朱牟田が大学院生時代にどれだけの英書を読んでいたのかはわからない。のちの業績から逆算して、とてつもない読書量であったことは容易に想像がつくが、達人の例に漏れず、自分の努力を意識化していないらしく、読書量に関する自慢話などは回想録のどこを読んでも出てこない。

ただ、彼が一九六二年、五五歳のときに書いた「辞書をひかない生活」（『英語教育』「新春随想」欄）という文章を読んで、これはとてもかなわないと思った。

一年三百六十五日、その毎日をどんなに少なくても一時間や二時間は横文字の書物と相対している。いいかえれば、辞書と名のつくものをあけてみない日はないといってもそう大きな誇張ではない生活を、すでに三十年以上つづけて来た。それがここ一、二年はちがうのである。気がついてみるとまる一週間も辞書のご厄介にならないですんでしまった、というようなことが時々出て来る。惰性で辞書だけひいていればそれが即学者の生活だというのではサラサラないけれども、しかし辞書もひかない生活というのはわれわれの場合何もうみ出してくれない。

執筆時から三〇年以上前となると、だいたい大学院時代にあたる。つまり、その時代から五〇代半ばまで、来る日も来る日も辞書を引きながら洋書を読む生活を当たり前のように続けたことになる。

辞書を引かない生活が何も生み出さないというのも朱牟田らしい。学者の仕事にもいろいろあるが、おそらく彼は、翻訳を自らの主たる生産活動だと考えていたのだろう。

ところで、なぜいきなりそのような非生産的な生活に陥ってしまったのか。この随筆の執筆年を彼の略年譜に照らし合わせた途端に合点がいった。東大の教養学部長の激務をこなしている最中だった。

語学学習と辞書

昨今の英語教育について言いたいことはいろいろあるが、その一つとして、辞書を引かずに内容を類推する読み方だけを推奨するのはやめていただきたい。そのような読み方が必要になる場合もあるが、辞書をこまめに引きながら英文を精読する活動は必須（ひっす）である。辞書を引かない語学学習などはあり得ないし、辞書を引く回数に比例して読解力が伸びると言っても過言ではない。

同じ辞書でも、初学者が家の机でじっくりと勉強するときは、紙の辞書の使用を勧めたい。派生語も含め、調べたい単語の前後の語彙情報が自然と目に入ることも重要だが、個人的な経験から、それが新しい辞書の匂（にお）い、ページをめくるときの音や触感と知らず知らずのうちにつながる感覚も学習を促進させると考えるからだ。

僕が高校時代に愛用した辞書は研究社の『新英和中辞典』だが、何度も調べた単語は、意味を思い出せなくても、ページのどのあたりに記載されていたかを覚えていた。そこまで行けばしめたもので、その単語の習得までさほど時間はかからない。

自分で見たわけではないので真偽のほどは不明だが、昔の偉い英文学者のなかには、辞書を扱う際、「薪を割るように」スパッと単語を引き当てる先生がいたと聞く。まさか毎回そううまくいくまいから、いかに辞書を引き慣れているかを物語る、多分に脚色された伝説だろう。

そもそもそこまで引きこなせば、辞書のほうがくたびれてきて「薪割り」どころではなくなる。辞書が原型をとどめているうちは、まだまだ大したことはない。

朱牟田クラスになると、どうなるか。本人の回想を見てみよう。

あとから買って使いはじめたポケット・オックスフォード、**P.O.D.** のほうは、すり切れて買いかえたことが長年のあいだに数回に及んだけれども、そして一度などは、よく拙宅に出入りしていた学生の一人が卒業の時、先生の **P.O.D.** があんまりひどいのが前から気になっていたからと、新しいのを一冊記念に買って来てくれたことまであった……

（「辞書漫筆」）

P.O.D.（***Pocket Oxford Dictionary***）なる辞書は、実際のポケットには入れづらいが、その名のとおり小さな辞書である。昔は新しい版が出るたびに、普通のハードカバー版に加えて革装版が売り出された。

僕はどちらの装丁のものも持っているが、とくに革のほうが気に入って、知っている単語に印をつけながら、文字どおり愛読していたこともある。それでもすり切れるまでにはいかなかった。一体どれだけ引き込めば、数回の買い替えが必要になるほどまですり切れるのだろうか。

当然ながら、単語によってはP.O.D.では間に合わないだろうから、ほかの辞書もかなり引いたはずだ。さらに、そこまでこまめに辞書を引くからには、何らかの英文を（しかも大量に）読んでいることになる。その読書量は、想像もつかない。

こう書いてくると、しんねりむっつりとただ本を読んでいるだけのように見えるが、朱牟田の英語力は英文の読解力だけではない。それを説明するためには、まずは大学院生活を終えたあとの彼の足跡を見ておく必要がある。

東亜同文書院

一九三二（昭和七）年五月、朱牟田は中国に渡り、東亜同文書院の講師（同年一一月教授）になった。学校名に馴染みがないかもしれないが、上海にあった日本の四年制高等商業学校である。一九三四年、上海で甘濃すみと結婚する。

なぜ最初の就職先として上海の学校を選んだのか、その理由ははっきりしない。当時の教え子の一人は、「国際都市として、比較的日本の軍国色から煩わされることの少ない上海を、先生のライフワークの拠点として選ばれたもの」だろうと推測している（明野義夫「追悼文」『怒らぬ人――朱牟田夏雄先生を偲ぶ』）。

一九三七年には盧溝橋事件が勃発し、日中戦争がはじまることを考えると、ただならぬ雰囲気が漂っていたのではないかと想像してしまうが、どうもそうではないらしい。当時の同僚の回想によれば、教員住宅で酒を酌み交わし、「時には町なかの中華料理店で宴を張り、酔余の勢いを借りてダンスホールに進入」することもあった（太田英一「思い出すまゝに」前掲書）。

そして、同じ回想によれば、「当時内地と違って英書を自由に入手し味読できたし、米人教師との交際で英会話の修業も積」むことができたという。また、ひとたび学校を出れば中国語圏だから、そこでも共通語として英語を話す機会が多かったと推測される。上海は新米英語教師にとって格好の修業の場であった。

その修業の成果もあって、朱牟田は英語の会話が達者であった。先に触れた小池銈先生による戦後の朱牟田についての回想を見てみよう。

朱牟田さんは英語の会話に不自由しなかったので（同文書院勤務時代に使う機会があったと言っておられたが）、教養学科の外国人教師招聘に関して、ブリティッシュ・カウンシルとの折衝に当たられ、その折よくお伴を命ぜられた。斜に構えたりせず正対しての情理を尽くした応対で、イギリス側も甚だ推服した様子であり、後にカウンシル幹部の自宅に招かれたことも何度かあったが、打解けた席での、ウィットに富んだ応酬は見事なもので、お伴としては全く頼り甲斐のある立役者であった。

（「朱牟田夏雄さん」前掲書）

この内容を理解するためには、朱牟田の略歴について補足しておく必要がある。上海で八年を過ごした彼は、一九四〇（昭和一五）年に帰国し、神戸商業大学（現神戸大学）予科教授となる。

太平洋戦争と終戦を挟んで、一九四六年五月に第一高等学校教授、一一月に東京帝国大学文学部講師（一般語学担当）となる。そして、一九四九年、一高が新制東京大学に吸収されたことに伴い、東京大学教養学部助教授となる。

東大の教養学部は、一、二年生を対象とした教養教育を主たる任務とするが、一九五一年に後期教養学科を創設し、専門教育も行うようになった。そしてこの学科には、イギリス研究を行うイギリス科があり、そこでの教育を担当する外国人教師は、イギリスの文化振興機関たるブリティッシュ・カウンシルから紹介してもらうのが常だった。

とはいえ、紹介された人間がそのまま外国人教師として着任するわけではない。東大側の希望や労働条件を満たしてくれる人物でなければ困るのだ。

そのため、ブリティッシュ・カウンシルとの折衝役としては、教養学部の英語教師のなかでも飛び抜けて英語運用能力が高く、しかも人を見る目の鋭い教師が選ばれる。それがこの時代は朱牟田夏雄だった。なお、のちにその役を担当することになるのは、本書最終章に登場する山内久明（やまのうちひさあき）である。

あなたは間違っている

英語の会話が達者といっても、さまざまなレベルがある。小さいときに英語圏で育ち、いい発音で流暢に英語を話すけれども、子どものときの語彙と文法で話している帰国子女も少なくない。中身のあることを、どれだけ正確な英語で説得的に伝えられるかが重要なのだ。

残念ながら、朱牟田の話した英語に関する音声資料は残されていない。僕も聞いたことがない。ただ、信頼できる証言がいくつか残されている。

まずは、朱牟田の教え子であった川西進の回想。川西自身ものちに東大教養学部で教鞭を執った。川西が一高を受験したとき、受験場でディクテーションの読み上げをしたのが朱牟田だった。

一高生となった川西が最初に受けた英語の授業の担当者の口から、入試のときと同じ英語が流れてきた。授業を担当したのは、まさに朱牟田その人だった。その英語は、「当時巷で流行していたアメリカ日常会話とは違う、辞書の発音記号に忠実に日本人が発音した英語」で、川西は、「その気張らぬ飾らぬお人柄がそのまま表れているように思った」という（「朱牟田先生の憶い出」前掲書）。

川西同様、朱牟田の教えを受けてのちに教養学部の教師となった上島建吉も、「あちら風のせかせかした読み方、話し方」ではなく、「正確無比な……発音」だったと指摘したうえで、「英米人でさえ先生の英語に心服してしまう点、私たちが先生のお話に一語一語納得させられるのと同じであった」と記している（「師亡き後は……」前掲書）。

いかにも英語教師らしく、正確な発音を心がけていたことがうかがわれる。さらに、英語教育学者の松山正男は、彼の会話力について、驚くべき証言をしている。朱牟田がフルブライト委員会の事務局長を務めていたときの出来事だというから、東大退官後、一九六〇年代半ばから七〇年代半ばの話だ。

当時、若いアメリカ人がフルブライト委員会の事業として派遣され、全国の中学高校の英語教師として働いていた。外国人英語教師と日本の学校との間でさまざまなトラブルが起こるのは、昔も今も変わらない。フルブライト派遣英語教師に関する問題が生じた場合、事務局長の朱牟田がその処理に当たることが多かったらしい。
松山が所用で事務局長室を訪ねたときのこと、朱牟田はたまたまアメリカ人を相手にトラブルの処理に当たっており、外で待っている彼の耳にも、そのやり取りが聞こえてくる。

相手の主張を聞き終わると、先生は、その矛盾をつく。それに対して相手がまごつく。すかさず、落着いた声で、"You are wrong. You must admit it" と言われる。"O.K. I see." という返事が聞こえてきた。その時、始めて一時間にわたる英会話のやりとり、そして先生のイディオムを駆使した英語力に圧倒された。
（「存在の重み」前掲書）

アメリカ人の主張の内容にもよるが、「あなたは間違っている。それを認めなくてはいけない」とまではっきりと伝えて「わかりました」と納得させてしまうのである。朱牟田は柔道の達人でもあったらしいので、相手がまごついた瞬間に技をかけて一本を取りにいくあたり、まさに「柔よく剛を制す」の理合(りあい)いだろうか。

英語にも敬語はある

急いでつけ加えておくと、この逸話における朱牟田の台詞をそのまま真似して使うことはお勧めできない。英語を使うときにははっきりと論理的にものを言わなくてはいけないとの思い込みから、英語話者に対して単刀直入な物言いをして相手を怒らせてしまう話は、よく耳にする。

また、語彙に関する誤った理解から、不適当な英語表現を使ってしまうこともある。たとえば、**had better ...** という表現。「〜したほうがいい」という訳語でよく知られているため、「いますぐお帰りになったほうがいいですよ」と丁寧な言い方をしたつもりで、**You had better go home now** などと言ってしまう。

だが、この表現は、自分と同等か目下の人間に対して、時に命令的な意味合いを込めて使う表現である。決して丁寧表現ではない。

あとでご登場いただく行方昭夫（なめかたあきお）先生は、高校時代、友人がこの表現を使って年配のアメリカ人教師に目的地への行き方を教えたときの話を、その著作『英会話不要論』（二〇一四年）で紹介している。そのアメリカ人教師は、気難しい顔で、「ありがとう。だがその英語は先生に向かって使うのは失礼ですよ」という意味の返答をしたという。

「いますぐお帰りになったほうがいいですよ」という内容を丁寧な表現で伝えたいのであれ

ば、I would advise you to go home now や It might be better for you to go home now をはじめ、いろいろな言い方がある。日本語の敬語とは表現の体系が違うが、英語にもさまざまな敬語表現が存在するのだ。

おそらく朱牟田とアメリカ人英語教師とのやり取りでは、最初は穏やかに話がはじまり、十分に相手を説得した挙句の決め技として先の表現が出たと考えるべきだろう。英語の敬語を知らずに単刀直入な言い方をするのと、それを熟知したうえでそのような言い方をするのとでは、意味合いがまったく違う。

英文解釈の大家

英語の会話も達者であったとはいえ、朱牟田夏雄といえば、なんと言っても英語の世界では翻訳の名人であり、英文解釈の達人である。先述の行方先生の『英会話不要論』によれば、東大教授も務めた英文学者で評論家の中野好夫（なかのよしお）（一九〇三〜八五）は、朱牟田を「最高の読解力」の持ち主と評していたという。

ヘンリー・フィールディングの『ジョーゼフ・アンドルーズ』と『トム・ジョウンズ』、ロレンス・スターンの『紳士トリストラム・シャンディの生活と意見』をはじめ、英語の母語話者でも読解に苦労する小説を達意の日本語に訳す彼の技は、まさに名人芸として賞賛すべきものだが、より教育的な英文解釈の指導にも目を見張るものがある。翻訳と英文解釈の違いを説明したうえで、訳文の日本語まで見事に差異化しているようだ。

僕は、二〇二二年から雑誌『英語教育』の「英文解釈演習室」という欄の担当に加えてもらったこともあり、先達の技を勉強すべく、まずは朱牟田の名著『英文をいかに読むか』の復刻版を手に取った。本自体はだいぶ前に購入して書架に置いてあったのだが、その仕事を引き受けたことを機に、一念発起して同書を紐解（ひもと）いた。

一読して、その丁寧かつ正確な解説に舌を巻いた。「英文解釈」は、もしかしたら僕などが足を踏み入れてはいけない世界ではないかと、自信を失いかけている。

『英文をいかに読むか』は、第一編の「総論」では例文を用いて英文解釈の心得を講じ、第二編の「演習」では、サマセット・モーム、ジョージ・オーウェル、バートランド・ラッセルをはじめ、多くの名文家の文章や新聞記事を分析したのち、第三編では、彼が「英文壇の知性派の代表」と呼ぶオールダス・ハックスリーの随筆 'Doodles in the Dictionary' をまるまる一編解説している。

概論的に言って、抜粋を解説するのであれば、最初から難解な部分を選ばなければいいのだが、随筆まるまる一編となるとそうはいかない。解説者にも読み解けない部分が出てくることも少なくない。

恩師でもあり、先輩英語教師として東大教養学部で一緒に勤務させていただいた行方先生が、大学の談話室で英語教材の注釈について面白い話をしてくれたことがある。当時、大学の教養英語の教室では、いくつかの出版社から出ている副読本の類を教科書として使用することが多かった。英米作家の随筆や小説の本文と巻末の注釈を組み合わせた小さな本である。注釈者の多くは大学で英語を教える文学や語学の専門家なのだが、時に怪しい注釈に出くわすことがある。典型的なのは、「……といったところか」という自問のような不思議な疑問形で終わっている注釈。これが現れるときは注釈者が原文の意味を取り違えている場合が多く、先生は思わず「違います！」と答えたくなるのだそうだ。

話を元に戻す。『英文をいかに読むか』の解説には、もちろんそのようなごまかしは一切ない。読者を思いやって「このあたり、少し難解かと思う」のようなコメントはあるものの、注釈そのものは明快である。

ハックスリーの随筆の一部に関する解説を見てみよう。英語の勉強を兼ねて、ご一読いただきたい。

Up to the age of ten (provided of course that his teachers don't interfere) practically every child paints like a genius. Fifteen years later the chances of his still painting like a genius are about four hundred thousand to one. Why this infinitesimal minority should fulfil the promise of childhood, while all the rest either dwindle into mediocrity or forget the very existence of the art they once practiced (within the limits of childish capacity) with such amazing skill and originality, is an unsolved riddle.

英文解釈の難易度からすれば、中上級だろう。文芸的な英文を読み慣れた人であれば、大意を取るのはさほど難しくない。

だが、たとえば三文目の五つ目の単語である should がどのような意味合いかと質問され、明確な答えが返せる人は、英語教師のなかにもそう多くはないのではないか。朱牟田の解説はじつに丁寧である。これについては、「いわゆる 'emotional should.' 不可解、意外等の気持ちをあらわす」とある。

また、provided that ... は it being understood that ... と言い換えることができ、practically が「every や all にかかると almost と同じ」との解説も、簡潔にしてきわめて的確である。

さらには、この英文の内容に対応するものとして、日本にも「十で神童、十五で才子、二十歳過ぎれば只(ただ)の人」という諺(ことわざ)があることにもしっかりと言及している。

当該箇所の朱牟田訳を掲げておくので、内容を確認してほしい。

十才までは（むろん教師たちが邪魔をしないとしての話だが）ほとんど全ての子供は天才のような絵をかく。それが、十五年後になってなおその子が天才のような絵をかいている確率は、ざっと四十万対一くらいである。こんな極めてわずかの者だけが子供の頃の有望さを実現させて、その残りは一人のこらず、凡庸（ぼんよう）に堕してしまうか、さもなくば、かつては（子供の能力の範囲内で）あれほどすばらしい巧みさと独創力をもってかいていた、絵というものの存在さえも忘れてしまうか、なのは一体なぜか、これはまだ解決されない謎である。

翻訳の日本語とはまた違う、英文の構造がきっちりと透けて見える訳文で、これこそが英文解釈で用いられる「英文和訳」なのだ。僕は、翻訳と英文解釈における和訳の違いをあまり意識することなく雑誌の「英文解釈」欄の担当を引き受けた自分を恥じた。

行方昭夫先生

ところで、行方先生は、本来であれば本書でも一章分の紙面を割いて紹介したい翻訳と英文解釈の達人だが、今回は朱牟田の一番弟子としてご紹介申し上げたい。教養学部時代の僕の恩師でもあるので、「先生」と呼ばせていただく。

行方先生は一九三一（昭和六）年の生まれ。東大教養学部教養学科イギリス科の卒業である。

行方昭夫先生米寿記念文集に寄せられた旧友の証言によれば、「行方君は、私が初めて見知ったころから、天才的な英語青年」であり、「そのころ、ご存命であった、その道の最高権威の上田勤、朱牟田夏雄先生らも、皆様ご存知の通り、彼には早くから何目も置いて」いたという（吉村信亮「一旧友の All About NAMEKATA」）。

教室での先生は怖かった。やる気のない学生が教室の後方に集まるのを戒め、「この柱より後ろには座るな！」と声を上げられることもあった。

それでも、片手間に英語を教える英語・英米文学の「専門家」ではなく、学生の英語力を伸ばそうとする語学教師としての意気込みをひしひしと感じた。そのときは気づかなかったが、もしかしたらその点でも朱牟田の後継者たらんとしたのかもしれない。

一方、学生にとっての「鬼のナメカタ」は、同僚としてはじつに柔和な座談の名手だった。これは、教養学部の英語教師として僕がもっとも信頼していた兄貴分の山本史郎も先述の文集に書いている。お酒を嗜まれないことを除いては、ここでも朱牟田の学統を受け継いでいるようだ。

師弟と同僚の関係を離れてからも、僕はなにかと行方先生からよくしていただき、大きな恩恵を受けてきた。近年では、日本人の英語学習における文法と読解の重要性を説く数々の著作を通じ、志を同じくする英語教師たちを励ましつづけている。『英会話不要論』という、題名だけ聞くと過激な内容を想起させる著作も、会話も含めた英語運用の基礎として文法・読解が重要であることを説得的に論じたものだ。

それでいながら、同書の執筆に僕の誘いが関わっていることを「あとがき」に付記する優しい配慮にも頭が下がる。

　教え子で、東大での同僚でもあった、斎藤兆史氏の『英語達人列伝』『日本人と英語』などいくつもの著書からも、大きな刺激を受けました。以前、同君から、ペラペラ喋(しゃべ)ることとのみ大事にする英語教育への批判で、「共闘しましょう」という誘いを受けたことがあります。最初は冗談半分に取っていましたが、本気でそうしなければ、という気持ちになりました。

この文章の直後に朱牟田に関する記述が出てくるのだが、それに触れる前に、朱牟田の年譜で東大定年前後の動きを見てみよう。

教育関連機関・団体の要職を務める

一九六三（昭和三八）年二月、教養学部長の任期満了を間近に控えた朱牟田は、大学英語教育学会（ＪＡＣＥＴ）初代会長に就任する（六八年一〇月まで）。一九六七年、東大を退官して中央大学文学部教授となり、同年、中央教育審議会臨時委員に就任、翌六八年にはフルブライト委員会の事務局長となる。当時のアメリカ人相手のトラブル処理については、先述したとおりである。

これらの役職のうち、最初の大学英語教育学会の初代会長を朱牟田が務めていたことを知ったとき、僕は少なからず驚いた。現在の同学会の活動を見るかぎり、朱牟田が実践した訳読や英文解釈とは真逆の英語教育の理念を掲げているように見えるからだ。

行方先生の『英会話不要論』の「あとがき」を読んだとき、ああ、なるほど、と合点がいった。

　あらゆる面で多大の影響を受けた、恩師の朱牟田夏雄先生が、ＪＡＣＥＴ（日本の英語教育の改善と発展を目指す「大学英語教育学会」）の初代会長であったことも想起されました。内輪話めきますが、日頃のご発言から、思慮深い先生には、ペラペラ英語推進派を抑えようという意図があって、会長に就任されたのだと推察できました。

朱牟田自身が「ペラペラ英語推進派」という言葉を使ったかどうかは不明だが、高度経済成長期にあった当時、財界や産業界の後押しを受け、会話力をはじめとする実用的な英語力の育成を重視する英語教育関係者の一派が台頭しはじめたことは事実である。

文学教材の訳読などはもってのほかだとの声が聞かれるようになったのも同じころである。そのような実用英語推進論に違和感を覚えた彼は、財界・産業界の論理や力学が学会に入り込むことを危惧したのではあるまいか。

行方先生によれば、朱牟田は東大を去ったのち、「ほんの少しも院政めいたこと」をせず、「何か困ったことがあって無理に相談にのって頂こうとしても、『私の出る幕ではない』」と言って、潔い出処進退の手本を示した（「先生を偲んで」『怒らぬ人』）という。おそらくは学会活動でも、その美学を貫いたのだろう。

僕としては、現在の英語教育界の迷走を見るにつけ、もう少し長くその影響力を発揮してほしかったとの勝手な思いを抱かざるを得ないが、朱牟田はそういう生き方を潔しとしなかった。追悼文集の寄稿者の多くが指摘するとおり、まさに大人物であった。

朱牟田の英語教育論

幸いにも、朱牟田は英語教育論に関する著作をいくつも残してくれている。いまでこそ「高大接続」なる考え方が広まってきたが、当時としては中学・高校の段階で行っておくべき英語教育について、はっきりとした意見を表明していた大学英語教師は珍しい。

本章の最後に、その英語教育論の一部を紹介しておこう。それぞれ研究社の『英語教育論』（福原麟太郎ほか監修、一九六四年）、『英語研究法』（朱牟田夏雄ほか著、一九七九年）に収められた論考である。

中学では文句なしに耳と口を重視したい。正しい発音、正しい抑揚が教えられねばならない。どうせ何か覚えねばならないのなら、はじめから正しいのを覚えるほうが、一たんいい加減なものをおぼえて、後で訂正の努力をするよりはるかにまさることは言うまでもない。

（「英語教育私観」）

中学から高校に進むと、ことはさほど簡単ではなくなる。この辺からはいろいろと議論も分かれることと思うが、私見ではこのあたりから教養主義（この段階ではまだちと大げさな言葉だが）のほうに切りかえてゆくのがよいと考える。……一つには学校の教室というものは、どうも会話力の修練には不向きのように思うからだ。（「英語教師論」）

この二つ目の論考を書いた八年後、朱牟田は心不全のためにこの世を去る。享年八一。あの世の朱牟田は、「もはや時代が変わったのだから私の出る幕ではない」とおっしゃるかもしれないが、僕はこのきわめて健全な英語教育論を世に示しつづけることを自らの使命の一つとしたい。

第Ⅶ章

國弘正雄

KUNIHIRO Masao

❖國弘正雄　*KUNIHIRO Masao 1930–2014*

「同時通訳の神様」と呼ばれた男がいた。アポロ11号の月面着陸の宇宙中継を担当した同時通訳者の一人であり、業界の草分け的存在であった國弘正雄である。彼はまたNHK教育テレビの「英語会話中級」の講師を担当し、その講義のなかでヒューバート・ハンフリー米国副大統領、エドウィン・O・ライシャワー駐日大使をはじめ、それぞれの分野の第一線で活躍する錚々(そうそう)たるゲストを相手に英語での見事なやり取りを披露した。そのような仕事の内容から見て、会話中心の英語学習を実践・推奨してきた人物かと思いきや、彼がのちに提唱した英語学習法は「只管(しかん)朗読・只管筆写」だった。道元(どうげん)の説く坐禅の流儀に倣い、目的すら考えず、ただひたすら朗読せよ、筆写せよ、ということだ。政務秘書官、特別調査官、外務省参与、参議院議員も務めた國弘の華麗な活躍の裏に、愚直な英語修業があったことをあらためて確認しておきたいと思う。

同時通訳の神様

一九六九（昭和四四）年七月二〇日、アポロ11号が月面に着陸した。人類史上に燦然と輝く大偉業で、当時小学校六年生だった僕も、テレビにかじりついていた。

断片的な記憶がいくつか残っている。当時のアメリカ大統領リチャード・ニクソンの顔が妙に気に入って、家でも学校でも、暇さえあればその似顔絵を描いていた。月面でゆっくりと跳ねるように動く宇宙飛行士の姿も目に焼き付けたはずだが、これはその後現在に至るまで何度も目にする機会があったので、記憶としてはだいぶ塗り替えられているかもしれない。

もう一つ、はっきり覚えているのは、ヘッドホンをつけて通訳をする人物が頻繁に画面に現れたこと。これは紛れもなく当時の記憶である。たまたま見ていた画面に映っていたのは、西山千という通訳だった。僕は塾で英語を習いはじめたばかりで、英語を聴き取ってそれをすぐに日本語に訳すのがどれだけ高度な技術であるかに思いを致すこともなく、口元に軽く笑みを浮かべながら音声に聴き入る西山の姿に、重要な任務を帯びて仕事をする大人の格好よさを感じた。

同時通訳なる仕事があることを知ったのは、だいぶあとになってからのことである。そして、その業界に「同時通訳の神様」と称される人物がいることは、さらに時を経て、英語を専門に研究するようになってから知った。その人物こそ、今回の主人公、國弘正雄である。僕はこの神様と一度だけ会ったことがある。英和新聞『朝日ウイークリー』に英語達人たちの学習法を連載した縁で、同紙の編集部が対談を企画してくれたのだ（「繰り返し読むことで英語への悟りを開く」二〇〇五年五月二九日号）。

その異名からして、「同時通訳」という特殊技能で神業を繰り出す職人気質の気難しい人物を想像していたが、その想像は見事に裏切られた。挨拶を交わして間もなく、その老人は僕に向かって懇ろに礼を述べた。僕は新聞の連載のなかで筆写学習の重要性に触れ、彼と南方熊楠を並び称していたのだ。「尊敬する熊楠翁と一緒に名前を挙げてもらったことが嬉しくて、嬉しくて……」。その言葉は涙声で発せられた。

話をするなかで、僕は対談相手の本領が同時通訳とは別のところにあるのではないかと思いはじめた。もちろん、その高度な技術が僕の理解をはるかに超えているためでもあろう。だが、対談中、僕はそれを支えていると思しき経験と知識と教養の厚みに圧倒されつづけていた。本稿では、そちらに焦点を当てたいと思う。

音読との出会い

國弘正雄は、一九三〇（昭和五）年、東京の北区に生まれた。ロンドン海軍軍縮条約の調印が天皇の「統帥権干犯」に当たるとして時の内閣が批判を浴び、濱口雄幸（はまぐちおさち）首相が右翼の青年に襲撃された年である。二年後には五・一五事件、六年後には二・二六事件が起こっている。日本が軍国主義に染まりつつある不穏な時代だ。

國弘の英語との出会いは、とりたてて早くはない。だが、幼少期に仕込まれた習慣は、のちの彼の英語学習を考えるうえできわめて重要である。先述の対談の記録から本人の言葉を引いておく。

私自身について言えば、現代中国語に通じていた父親のおかげで、小学校に入る前から漢文の素読をいやというほどやらされた。小学校に入ると、学校の先生から朗読と筆写を徹底的にやらされ、その結果、国語以外の歴史や地理、算数の教科書まで声を出してよむ習慣がつき、これが私の勉強法になりました。

これまでの章で、過去の英語達人たちの例も引きつつ、素読の修練によって磨かれた語学感覚が彼らの英語学習を大いに促進した可能性を指摘したが、これは國弘についても言えそうだ。ここまで成功例があるのだから、漢文とは言わないまでも、英語学習における素読の効用がもう少し見直されてもよさそうな気がする。

◎國弘正雄　略年譜

西暦（年号）		年齢	事項
一九三〇	昭和五	0	八月一八日、東京の北区に生まれる
一九三六	一一	6	豊島師範付属小学校入学
一九四二	一七	12	豊島師範付属小学校卒業、東京府立六中に入学
一九四四	一九	14	神戸一中に転校
一九四八	二三	18	青山学院大学入学
一九四九	二四	19	日米学生会議ホノルル会議に出席
一九五〇	二五	20	青山学院大学を中退し、ハワイ大学に編入する
一九六五	四〇	35	サイマル・インターナショナル発足。NHK教育テレビ「英語会話中級」の講師となる
一九六六	四一	36	三木武夫と知り合う
一九六九	四四	39	アポロ11号月面に着陸。同時通訳者として宇宙中継を担当。お茶の水女子大学講師
一九七二	四七	42	国際商科大学（のちに東京国際大学と改称）教授
一九七三	四八	43	上智大学講師
一九八九	六四	59	参議院選挙に社会党候補として出馬し、当選
一九九四	平成六	64	社会党を離党
一九九五	七	65	参議院選挙に平和・市民より出馬し、落選。政界より引退
二〇一四	二六	84	老衰のため死去

國弘が初めて英語と接したのは、小学校を卒業し、府立六中（現都立新宿高校）に入学してからのことである。このときの木村武雄という英語教師が偉かった。生徒に音読を課したのである。また本人の言葉を引こう。

その後、中学で初めて英語に接してからは、英語を身体に覚えさせる音読を課されましたが、漢文の素読という素地があったのでピッタリでした。そしてディクテーション

（書き取り）もやらされた。校内試験の準備でも、すべての教科書を声に出して読み、書き写していました。

この点については、國弘の『落ちこぼれの英語修行――異文化のかけ橋をめざして』のなかにも次のように記されている。

中一から中三まで、教科書の各レッスンを、少なくとも五〇〇回は音読しましたね。そしてごくごくたまに貴重品のザラ紙が一枚でも手に入ると、英文を手で写して見ることもやりました。まず表、次に裏に黒鉛筆で書き、今度はその上に赤鉛筆で書くという風に、一枚を四枚に使ったものです。手で写すのは、英語を身体に叩き込む、つまりむずかしくいうと内在化（internalize）する上にとても役に立つ。

さらりと書いているが、じつに根気のいる作業である。いまの中学生も、一レッスンでいいから試してみてはどうだろうか。

一九四四（昭和一九）年、國弘は父親の仕事の都合で神戸に引っ越し、中学二年次に神戸一中（現兵庫県立神戸高等学校）へ転校する。同年夏に本格的にはじまった米軍による空襲は次第に激しさを増し、神戸は翌年に入ってから繰り返し焼夷弾による攻撃を受けた。彼は家を焼かれ、戦争の悲惨さを身をもって体験した。

そのような状況下でも、神戸一中では敵国語である英語が教えられていたらしい。教科書は神田乃武（一八五七〜一九二三。英語教育家）の手になる『キングズ・クラウン』（三省堂）で、國弘はその第二巻に載っているロンドンに関する文章を読み、その地に憧れを抱いたという。そして、いつしか彼は、英語を音読、書写するだけでなく、外国人相手に使ってみたいと思うようになった。

外国兵相手の英語学習

外国人相手に英語を使うといっても、戦時中の話だ。そう簡単に話し相手など見つかるはずもない。そこで正雄少年は考えた。捕虜収容所に行けば、英語を話す相手が見つかるのではないか。スパイ容疑で捕まる危険性があったにもかかわらず、無鉄砲な少年は灘駅近くの収容所に出かけていった。

柵のなかに見える数十人のいかつい捕虜が肉体労働に従事するなか、先述の回想録によれば「小柄で柔和な感じをした捕虜が、こっちを見て笑っている」。少年は意を決して話しかけた。

どこの国かを聞いてやろうと思ったんだけど、はて何をどう訊ねていいかわからない。とっさに"What is your country?"と言っちゃった。ブロークンというか、まあひどい英語でしたね。……ところが、その捕虜、笑みをさらに開いて"Scotland"って言ってくれたんです。さすがにこれはちゃんとわかった。通じた。ちゃんと通じたんだ。そして答えもわかったんです。この時の天にも昇る気持ちを、ぼくは今でもはっきり覚えています。

初めて実践で用いた英語が通じた喜びは、想像に難くない。鳥飼玖美子が『通訳者たちの見た戦後史――月面着陸から大学入試まで』に記している國弘の談話によれば、この直後、彼は「通じたッ。通じたッ。通じたッ。通じたッ」と叫びながら、家まで走って帰ったという。ここから彼は英語学習にのめり込んでいくことになる。

ただし、ここから単純に、子どもの英語学習意欲を高めるにはまず英語が通じる体験をさせるのがよい、という教訓を導き出すべきではない。後年、冠詞一つに至るまで正確であった國弘の英語が、音読と筆写を通じた型の学習と英語運用の実践との絶妙なバランスのうえに作り上げられたことは、あらためて確認しておく必要がある。

捕虜収容所での成功体験により、終戦後、國弘は神戸に進駐していた軍人相手の新たな英語学習法を考え出す。子どもが進駐軍の兵士と接触することの是非を別にすれば、これがまたじつに理に適った学習法なのだ。

進駐軍相手の英語学習というと、相手を見つけてはしゃべりまくる練習をしたのかと考えてしまいそうだ。もし國弘がそのような学習法を実践していたら、彼の英語の上達はどこかで頭打ちになっていただろう。

観光地などで外国人を捕まえては英語を話す練習をしている英語好きがいるという話を聞いたことがある。だが、そのような学習法によって高度な英語が使えるようになった人を僕は知らない。せいぜいのところ、破調の英語（らしき言語）を臆面（おくめん）もなく話す度胸がつくらいのものだろう。

國弘はどうしたか。なんと、同じ英語の教科書を二冊持っていって、キャンプの前で見張りをしている暇そうな兵隊を捕まえては、そのうちの一冊を渡して、英文を朗読してほしいと頼んだのである。兵隊のほうも、喜んでその依頼に応えてくれたという。

もう一冊の教科書は國弘のメモ用。相手の朗読を聞きながら抑揚や区切り方を書き込んでいく。それを元に、今度は國弘が同じ文章を読み、相手に読み方を直してもらう。するとほかの兵士が集まってきて、あれこれと口を出す。そのようにして彼は、「たくさんの native speakersのさまざまな声の質、発音、抑揚にふんだんに触れることができた」という。

前掲書のこのくだりを読んだとき、僕ははるか昔の語学のプロ集団が行った英語学習法を思い出した。

和蘭通詞たちの英語修業

國弘から少し離れ、時計の針を巻き戻す。一八〇八（文化五）年に起こったイギリス軍艦フェートン号による長崎湾侵入・狼藉（ろうぜき）事件の直後、幕府は和蘭通詞（オランダつうじ）たちに英語修学を命じた。日本における英語学習のはじまりである。コミュニケーションを図ることが目的ではなく、国防の必要に迫られての学習だ。

和蘭通詞たちにとっても英語は見ず知らずの言語。当初は途方に暮れたに違いない。それでも、代々通詞の家に伝わる蘭英対訳の文献資料や英語のわかる出島（でじま）のオランダ人などを頼りに手引書を作り、英語学習を進めていった。

四〇年近くのち、思いもよらぬ形で英語の母語話者がやって来る。その名をラナルド・マクドナルドという。スコットランド人の父とネイティブ・アメリカンの母の間に生まれた彼は、母親の祖先が日本人であると信じ、アメリカの捕鯨船に乗り込んで日本にやって来た。

マクドナルドは、漂着した北海道にしばらく滞在したのちに捕えられ、そのまま長崎送りとなった。密航者でありながら、一方では貴重な英語の母語話者である。監禁状態にありながら英語の教師として重用され、半年足らずの間に一四人の通詞に英語を教えた。その授業の様子を、マクドナルドは次のように回想する（*Japan: Story of Adventure of Ranald MacDonald, First Teacher of English in Japan A. D. 1848–1849*）。

彼らの習慣は、ひとりひとり私の前で英語を読むことであった。私の役目は、その発音を直し、できるだけ日本語でその意味や構造などを説明することであった。……彼らは、森山を筆頭に、みな文法に通じていた。なにしろ、文法を覚えるのがとても早いのである。みるみる上達し、どんどん吸収していった。彼らに教えるのは楽しかった。

「私の役目」（my duty）という言い方からもうかがえるとおり、これはマクドナルドが考えた教え方ではない。茂住実男の「最初の米国人教師マクドナルド」（『語学研究』第一二号、一九七七年）によれば、通詞のほうがこの授業形態を提案したのだという。

せっかく母語話者がいるのだから英会話の練習をすればいいではないか、と考えるのは語学の素人である。通詞は外交語学のプロ集団。そのようなやり方では高度な英語が身につかないことを知っているのだ。

マクドナルドの回想に出てくる「森山」とは、蘭英の通詞として活躍した森山栄之助のことである。彼は黒船来航の際、ペリーの回想によれば「ほかの通訳がお役御免となるほど」立派な英語を話し、外務担当の役人としても八面六臂の活躍を見せた。半年程度母語話者から英語を習ったとして、同じ活躍ができる日本人がどれだけいるだろうか。

國弘の英語学習に話を戻そう。彼の回想録のどこを読んでも、中学生の段階で通詞たちを見習ったとは書いていないので、進駐軍相手の英語学習法は彼が独自に編み出したものだろう。日本人にとって効果的な学習法を直感的に見抜いていたのである。

卒業間近の危ない橋と太平洋の橋げた

こう書くと、地道で理に適った英語学習をした國弘少年が同時通訳の神様になるまでが一直線に見えるようだが、人生はそう一筋縄で行くものではない。とくに國弘の場合に特徴的なのは、一方で並外れた努力をしながら、自身の回想を信じるかぎり、他方でことさらに危ない橋を渡るようなところがある。一見両極端なものが彼のなかで同居している。

たとえば学業。好きな教科はいくらでも勉強するが、嫌いなことは一切やらない。とくに数学については、旧制中学最後の二年間（現在の高一と高二に相当）、答案をすべて白紙で出したという。

また、その二年間、親から預かった月謝を学校に持っていかず、闇市(やみいち)で食べ物に換えて胃袋に収めていた。戦後の食糧難で腹を空(す)かせていたであろうことは容易に想像がつくが、月謝の未払いを知った親があとでそれを全額支払うだけの財力があったのだから、その分の小遣いをせがめばいいだけなのではないかと思ってしまう。

この時期の特筆すべき事項として、彼がいわゆる「教養的」な書物にも興味を持ったことが挙げられる。新渡戸稲造の著作に感銘を受け、彼はのちに「太平洋の橋」になることはできなくても、「橋げた」くらいにはなりたいと思うようになる。杉本鉞子の章で触れた『菊と刀』の内容をめぐる論争に興味を持ち、また、たまたま東京に戻っていたとき、神田の岩波書店前で西田幾太郎(にしだきたろう)の『善の研究』を買い求める行列にも並んだ。

同時通訳というと、いかにも教養とは無縁の特殊な言語技術であるかのように思われるかもしれないが、國弘が、のちに触れる宗教思想も含め、幅広い教養と思索の習慣を身につけていたことは注目に値する。そもそも言語技術と教養は相反するどころか相互補完的な関係にあり、豊かな教養なくして同時通訳などできるものではない。

國弘の成績不振と授業料未払いの問題に話を戻すと、当然ながら卒業判定で問題となった。時代は違うが、僕も中高一貫校の校長を務めたことがあるから、職員会議の雰囲気はある程度想像がつく。

ただし、僕の経験から言えば、教師なる人種はなべて生徒思いである。多少の問題はあっても、なんとか進級させてやりたい、卒業させてやりたいと思う。そのような教師の心理に加えて、終戦直後のどさくさと時代のおおらかさがあったのか、彼は無事卒業証書を手にすることができた。

一路ハワイへ

旧制中学卒業後しばらく翻訳などの仕事をしていた國弘は、仕事をしながらでも通える大学で勉強することを思い立つ。そして青山学院大学を受験し、合格ののち、しばらくは週に一度くらいの、とても勤勉とは言えないペースで通学を続けた。

一九四九年のある日、通学の途中で彼は友人に出くわし、その口から日米学生会議のことを聞かされた。これは日米の学生の交流プログラムで、戦争中は途絶えていたものの、戦後復活したというのである。彼は友人に勧められるままに応募し、それまでの英語学習の成果が見事発揮されたのか、八名の合格者の一人となり、船で交流の地ハワイのホノルルへと向かった。

会議のメンバーになると、友好親善のために各地を訪問し、日本人学生の代表としてスピーチをする。回想録に記されたそのテーマを読んだとき、僕は我が目を疑うほどに驚いた。

日米の関係改善のために「草の根の民衆レベルでの理解を真に深めるには、やはり文学作品の交流が必要だ」という内容だというのである。

神戸一中卒業をめぐる件でも少し触れたとおり、國弘は、少なくとも論理の表層的なレベルで一見相矛盾することがじつは表裏一体であることを、ごく自然に体現してしまう不思議な力を持っている。英語教育業界では、長らく実用か教養かの不毛な議論が続いており、実務的な業界で英語を使ってきた人間は、とかく「実用派」に与しがちである。そして文学などは英語教育の役には立たない、という論を展開する。

ところが、彼は違う。回想録のほかの部分でも、R・H・ブライス（一八九八〜一九六四。文学者、日本文化研究家）の言葉を紹介している。ブライスは、生前、日本人がおかしなリズムの英文を書くのは英詩を読まないからだと語っていたという。國弘は、ここからさらに英詩を音読することとの重要性を説く。彼ほど徹底的に英語を勉強した人間は、実用対教養などという二項対立は軽々と乗り越えてしまうのだ。

日米学生会議に話を戻すと、國弘のスピーチはうまくいったようで、感銘を受けた聴衆の一人が寄ってきた。ハワイ大学で学部長を務める人で、「うちの大学に来るつもりはないか」という。奨学金の世話もすると言われて、國弘もその気になった。そして一九五〇年、青山学院大学を中退し、編入という形でハワイ大学に入学する。

奨学金が出たとはいえ、留学先では貧乏暮らし。國弘は始終腹を空かしていた。一日三回の食事もままならず、ペットフードを買ってキャベツと炒めて食べることもあった。
しかしながら、一番辛いのは何と言っても学業である。本人の言葉を引こう。

一番困ったのは、アメリカの大学ならどこでもそうだけど、とにかくたくさん読まされることで、量がめちゃめちゃ多い。英語がちょっくら話せるとか、話せないなんて二の次で、一番たいへんなのは「読むこと」なんです。

この経験から、彼は、アメリカの大学に留学しようと思う日本人に対し、「多読に慣れてほしい」と忠告する。國弘というと、音読と筆写で英語を身につけたイメージが強いが、すでに見たとおり、きわめてバランスの取れた学習を行っていることがわかる。
國弘の後輩の同時通訳者として活躍した鳥飼玖美子も『ワイド新版　英語学習7つの誤解』（大津由紀雄著、二〇一二年）のなかで、「ご自身にとって、これが決定的だったと思われる学習法を1つ挙げてください」との問いに対し、次のように答えている。

高校生の時に英語学習に良いとされる方法の多く――英語の教科書を音読する、英会話学校に通う、ラジオ英語講座を聞く、英会話書で定型表現を暗記する、洋画を見る、英語で書かれた小説を読む、英字新聞を読む、英語劇に出演する、スピーチコンテストに出場する、留学するなど――を試したので、そのどれが決定的だったのかは分かりません。

強いていえば、さまざまな方法で学んだことが総合的な力となった可能性がありますし、アメリカという未知の国に留学してみたくなったことで英語学習への動機付けが生まれ、あれこれやってみようという意欲を持ったことが重要な要素だと思います。

さらにそのうえで、「英語学習者に勧めたい英語学習法」に関し、「あえて一つだけ強調するとすれば、英語を読むことはすべての技能（書くこと、聞くこと、話すこと、やりとりすること）の土台となるので、おろそかにすべきではない」と述べている。

日本を代表する二人の同時通訳者、英語達人の英語学習歴・学習観が、世代こそ違うものの、大きく重なり合うことは注目に値する。

神様の誤訳

ハワイ大学卒業後帰国した國弘は、当初大学教師になるつもりでいたが、とくに何か就職活動をするわけでもなく日々を過ごしていた。そんなとき、日本生産性本部という調査・研究機関がワシントンに駐在する職員を募集していることを知り、さっそく応募する。

試験会場たる早稲田大学の大隈講堂に行くと、五〇〇〇人近くの応募者がいる。そこから数人を選ぶというのだから、気の遠くなるような話だ。だが、彼は見事に試験に合格し、ワシントンへ赴任することになった。

仕事はもっぱら通訳である。政界、産業界をはじめ、さまざまな分野の日米交流の仲立ちをする。逐次通訳では時間がかかりすぎるので同時通訳方式を取ることになったのだそうだが、当時はまだ同時通訳の訓練法も確立していない。手探りの研修ののち、もっぱら実地訓練で腕を磨いた。

こののち、彼は同時通訳のパイオニア、さらには「神様」として、アメリカ大統領をはじめ世界のリーダーたちとやり取りをすることになる。また、一九六三年に帰国してからは、同時通訳エージェントのサイマル・インターナショナルの創業に携わる一方、NHK教育テレビの「英語会話中級」の講師を務める。

國弘の顔を日本中に知らしめたのが、冒頭で触れたアポロ11号の月面着陸の中継である。その通訳の仕事に乗り気でなかった彼をNHKが無理やり引っ張り出し、「誤訳」事件が起きるまでの顚末は、当時民放で宇宙中継の同時通訳を担当した鳥飼玖美子の前掲書に詳しい。

鳥飼によれば、当初國弘は「霊媒（れいばい）ではないんですから、あの世の声は通訳できません」と言って逃げ回っていた。山梨に「潜伏」したものの見つかってしまい、NHKのお偉いさんの前に引っ張っていかれた。

お偉いさん曰（いわ）く、視聴者にとっては訳語が聞こえてくることが重要なので、「分かっても分からなくてもいいから、何か訳して下さい」とのこと。それを聞いて、彼は仕方なく仕事を引き受ける。

これも鳥飼によれば、再放送されたNHKアポロ宇宙中継を見ると、西山千の隣で「いかにも嫌そうに座っている國弘」がいて、「たまには國弘が同時通訳をする番も回ってきたらしい」。残念ながら、僕は國弘の顔を見た記憶がない。

さて、実際に当時の中継の音声を聴いたことのある人ならおわかりのとおり、ほぼ雑音だらけである。そのなかから英語を聴き取って訳すなど、とても人間技とは思えない（だから神様が必要なのか）。

だが、宇宙飛行士が石を拾いながら発する雑音混じりのくぐもった英語は、さすがの神様でもお手上げだった。だが、「何か訳して下さい」と言われた國弘は、ただ一つ聞こえた**origin**という英単語だけをたよりに、「月の組成が明らかになる、ひいては地球の組成も明らかになることを願って、石を拾っているんであります」というような訳をでっち上げた。

鳥飼はこれを「勧進帳」に譬えているが、なるほど、言い得て妙である。なんとか安宅（あたか）の関を通り抜けたかと思いきや、NHKの関守（せきもり）は富樫（とがし）のように情け深くはなかった。國弘の訳とまったく違うヒューストンの交信録を見た先のお偉いさんがものすごい剣幕で飛んできて、「國弘先生、困るじゃありませんか」と抗議をしてきた。

そもそもいやいや引き受けた仕事で怒鳴られてはたまらない。國弘は、「そんなこと言ったって、何か音が聞こえたらね、しゃべれ、とおっしゃったのはアナタですよ。だから僕は、褒（ほ）められこそすれ、怒られる筋合いじゃねえ」と開き直った。

本人はこれでNHKにおける信頼を失ったというが、その後も教育テレビの講師として見事な番組を作り続けているのだから、その程度で信頼が揺らぐような神様ではなかった。

只管朗読・只管筆写

アポロ中継での誤訳が引き金になったわけでもあるまいが、國弘は同時通訳の仕事から引退した。すでに『落ちこぼれの英語修行』を出版した一九八一年の段階で、「同時通訳の世界からは、日本語風に言うと足を、英語流というか英語聖書式に言うとwash my hands of つまりは手を洗って」おり、その世界が「遠い過去の思い出」のようだと語っている。

とはいえ、通訳時代の国際経験が評価されたためだろう、三木武夫（みきたけお）（一九〇七〜八八。政治家）の信頼を得て、政務秘書官、特別調査官、外務省参与としてその政治活動を支えた。のちには、参議院議員選挙に社会党候補として出馬して当選（一九八九年）、参議院議員を一期務めることになる。

同時通訳の世界から引退した國弘は、さまざまなメディアを用いた英語教育や英語学習法の普及にも力を入れた。彼が提唱した学習法のなかでも独特なのが「只管朗読・只管筆写」である。旧制中学時代に実践した音読・筆写の発展形と考えていいだろう。曹洞宗開祖道元禅師の「只管打坐」に倣って名づけたもので、一九七〇年出版の著書『英語の話しかた――同時通訳者の提言』のなかにすでにその表現が出てくる。

曹洞宗の坐禅は、悟りを得るための瞑想ではない。ただ姿勢を正し、息を整え、そして心を整えて、ただひたすらに坐る。國弘の只管朗読・只管筆写も同じである。発音をよくするためとか、単語を覚えるためとか、そういう余計な目的を一切考えず、ただひたすら何度も何度も読む、書き写す。英語の上達は、あくまでその結果であって、目的ではない。

そして、その学習に加え、留学、多読、通訳を含む多彩な活動を経験した國弘の英語力がいかんなく発揮された事例の一つが、NHK教育テレビ「英語会話中級」のトークショーである。各界の著名人たちと英語でやり取りをする。

ゲストの顔ぶれがすごい。初回に登場したヒューバート・ハンフリー（一九一一～七八。

アメリカの政治家、副大統領）を皮切りに、エドウィン・O・ライシャワー（一九一〇〜九〇。アメリカの外交官、駐日大使）、ハーマン・カーン（一九二二〜八三。アメリカの未来学者）、アイリス・マードック（一九一九〜九九。イギリスの作家）、エドワード・G・サイデンステッカー（一九二一〜二〇〇七。アメリカの日本文化研究家、翻訳家）、ドナルド・キーン（一九二二〜二〇一九。アメリカ出身の日本文学研究者）、アルビン・トフラー（一九二八〜二〇一六。アメリカの未来学者）をはじめ、それぞれの分野の第一線で活躍する人たちが勢揃（せいぞろ）いだ。ゲストの人数は、延べ一〇〇人を超えたという。

國弘は「只管朗読・只管筆写」というわかりやすい学習法を大衆に示す一方で、このトークショーをはじめとするテレビ番組やラジオ放送を通じ、日本人の英語使用の見事な手本を示した。その英語は、発音や文法の細部にまで神経の行き届いた、いかにも鍛えの入った英語であった。

昨今、科学的と称する小難しい英語教授・学習法を唱える英語教育研究者は多いが、ぜひ自身が手本となることで持論の正しさを示してほしいものだ。

英語行脚

國弘の著作を読みながらつくづく感じるのは、生意気な言い方をお許しいただければ、この人は心に熱いものを秘めた、とても純粋で哲学的な人なのではないかということである。これは、一度お目にかかったときの印象とも合致する。

新渡戸稲造への敬意も然り、『善の研究』への興味も然り、まるで悩み多き旧制中学・高校の生徒がそのまま大きくなったようだ。『落ちこぼれの英語修行』の自伝的な部分に現れる「戦時中、あの厳しい情勢の中にあっても、個々の日本の庶民が時折見せた魂の高貴さみたいなものは、やはり胸打たれるものがあった」との一文も、彼のそのような一面を覗かせている。

同書には、「我が宗教観」という、一見英語とは関係なさそうな章があり、そこには倉田百三（一八九一～一九四三。作家）の『出家とその弟子』への言及もある。英語業界の人の著作で倉田百三の名前を見たのは、僕にとってこれが初めてである。

『出家とその弟子』は親鸞を主人公とする戯曲で、國弘はこの作品に言及しつつ、「法然、親鸞、一遍と続く浄土門祖師がたの思想に接し、鎌倉時代という時代の持つすごさというか、おもしろさに傾いていった」と語っている。最初にこの箇所を読んだときには、英語に関する彼の活動とは無縁の関心事であろうと思った。

ところが、先ごろ偶然柳宗悦（一八八九～一九六一。美術評論家、宗教哲学者）の『南無阿弥陀仏――一遍上人』という著作を読み直し、柳の民芸論と宗教思想が密接に結びついていること、すなわち、庶民の生活のなかに美を見出す眼差し（まなざし）の先に衆生（しゅじょう）救済の本願があることを知った。

それを思い出したとき、國弘の活動のかなりの部分が、英語学習に悩む大衆のための英語行脚であることに気がついた。彼ほど全国を歩き、さまざまな英語研究者・学習者と交流した人も少ない。そして、彼のテレビ・ラジオ番組に啓発されて英語を勉強した人、その著作を買って忠実に音読と筆写を実践した人も数えきれない。

そしてそれに気づいたとき、國弘の英語関係の活動と鎌倉仏教への傾倒が、少なくとも僕の勝手な想像のなかで一つの像を結んだ。彼が自らの英語遍歴を（「修業」ではなく）仏教的な意味合いを持つ「修行」という言葉で呼んでいること、自ら提唱する学習法を道元禅師の教えに倣って「只管朗読・只管筆写」と名づけたことも腑に落ちる。

興味深いのは、國弘自身とてつもなく厳しい「修行」を体験したとはいえ、それを「只管朗読・只管筆写」というわかりやすい形で大衆に示したことである。そこには、道元の教えと、法然・親鸞・一遍の教えが同時に入っているような気がしてならない。それは、禅宗の厳しさと念仏宗の優しさを見事に融合した英語学習法なのだ。

このようなことを書くと、天上の「同時通訳の神様」改め（私の想像のなかでの）「英語学習の高僧」は、また涙声になって、「嬉しくて、嬉しくて……」と喜んでくれるだろうか。

第Ⅷ章

山内久明

YAMANOUCHI Hisaaki

❖山内久明　*YAMANOUCHI Hisaaki 1934–*

先の大戦期に広島で生まれ育った人間にとって、英米の言語と文化は特別な意味を持っているのではないだろうか。山内久明にとっての英語・英文学修業は、まさに自らのアイデンティティの模索と表裏一体の苦闘であった。彼は大学時代に出会った英国詩人アントニー・スウェイトの影響の下で英文学研究を志し、アメリカ、カナダ、イギリスで留学生活を送った。そしてケンブリッジ大学で日本語講師を務める一方、英文学の博士号を取得、帰国して英語・英文学教育の第一線で活躍してきた。

彼はまた学友大江健三郎のノーベル賞受賞講演を英訳し、さらに日本における英文学振興と日英文化交流への貢献により、エリザベス女王から「大英帝国三等勲爵士」（ＣＢＥ）の称号を与えられた。彼の格調高い英語は、他者としてのイギリス文化と自己との間で繰り返される絶え間ない往復運動の産物であるが、その穏やかな外見の裏で、どのように英語と格闘してきたのか。そして、私たちはそこから何を学ぶべきなのか。

最高の先達

前著『英語達人列伝』が世に出たころ、もし続編を書く機会があったら、最後に取り上げるのはこの先生にしようと心に決めていた。現代版『英語達人列伝』を書くとなると、これはなかなか厄介だ。なぜこの人が入っていて、あの人が（あるいは自分が）入っていないのかといった批判が一挙に増えるのは目に見えている。

もちろん、英語・英文学者として優れた人を一人に絞るのは無理である。どのような仕事を、あるいは仕事のどの側面を重視するかで、だいぶ人選が変わってくる。だが、こと英語の運用能力とその質の高さにおいて、この先生以上の英語の使い手を僕は知らないし、この人選に異を唱える人は、英語・英文学業界にもいないだろう。

本書を締めくくるにあたり、僕自身が志してきた道において出会った最高の先達をご紹介申し上げる。なお、自分が手本と仰ぐ先生を呼び捨てにするのは抵抗があるが、本書の文体の統一上、以下では「山内（久明）」と表記する。

原爆体験

山内久明（やまのうちひさあき）は、一九三四（昭和九）年七月一〇日、山内常雄、千枝子の三男として、広島市富士見町（現広島市中区）に生まれた。四人兄姉弟の末っ子である。父親は私立学校の校長まで務めた英語教師だが、彼は父親から英語の手ほどきを受けてはいない。

日本全国が軍国主義に突き進むなか、山内が入学した広島高等師範学校附属小学校は自由な校風を特色としていたが、「皇国」の民を育成するための国民学校となった。学級運営は担任によって異なっていたが、山内の学級は「班」で成り立つ「小隊」に擬せられ、山内もそこに組み込まれた。

教科教育も軍事色を強め、音楽科の聴音ソルフェージュは、敵機の爆音を聞き分ける耳を育てるための「音感教育」となった。ドレミは廃されてハニホに切り替えられ、山内は「ハホト」、「ニヘイ」、「トロニ」などと競って言い当てるのを得意としたらしい。

戦況が厳しさを増してくると、多くの軍事施設を抱える広島もまた空爆の危険にさらされ、国民学校は児童たちの集団疎開を実施した。ただし、山内はこの集団疎開には参加せず、家族とともに郊外に移り住んだ。広島県安佐郡川内村（現在の広島市安佐南区佐東町）にある眼科医の入院病棟を借りての疎開生活だった。この疎開中にあの悲劇が広島を襲った。

一九四五年八月五日、すなわち原爆投下の前日は日曜日だった。田舎での狭苦しい間借り暮らしに疲れた母親の千枝子は本宅が恋しくなり、一一歳の久明少年を連れて広島市内に行くことに決めた。

父親の常雄は、「ついていく息子も馬鹿だが、連れていく母親はもっと馬鹿だ」と言って眉をひそめたという。久しぶりに我が家に戻った母親は、せっかくだから泊まっていこうと提案した。ここが運命の分かれ道である。

久明は、母親の提案に従わず、「なにか危ない気がするから帰ろう」と言った。小伝を書く立場からすると、「虫の知らせ」とか「第六感」という言葉を使って脚色を施したくなるが、本人の回想によれば、同年五月に呉が空襲に遭ったこともあり、広島の市街地もそろそろ危ないと感じたのだという。この久明の判断によって彼と母親は疎開先に戻って難を逃れたが、八月六日八時一五分、父親は勤務校の生徒とともに建物疎開の片付け作業を行っている最中に被爆、八月末に臨時の収容所で死去した。

原爆体験は、言うまでもなく、山内の心に大きな傷として刻み込まれた。それどころか、悲劇のあまりの大きさゆえ、彼は何年もの間、このときの体験を自分のなかで整理することができなかったという。

さらに、原爆体験がトラウマとなって一種の終末観とともに奈落に落ちた感覚に取り憑かれ、そこから脱出する道を文学に求めた。それが英文学を志す原点となった。

◎山内久明　略年譜

西暦（年号）	年齢	事項
一九三四　昭和　九	0	七月一〇日、英語教師山内常雄、千枝子の三男として、広島市富士見町に生まれる
一九四一　一六	7	広島高等師範学校附属小学校入学
一九四五　二〇	11	八月六日、広島に原爆が投下される。父親が被爆し、死去
一九四七　二二	13	広島高等師範学校附属中学校入学
一九五〇　二五	16	広島高等師範学校附属高等学校進学。一年間病気休学
一九五四　二九	20	東京大学教養学部入学
一九五六　三一	22	東京大学教養学部教養学科イギリス科進学
一九五八　三三	24	東京大学大学院人文科学研究科英文学専門課程進学
一九六二　三七	28	コロンビア大学留学
一九六三　三八	29	トロント大学留学
一九六四　三九	30	帰国。津田塾大学に職を得る
一九六五　四〇	31	結婚
一九六七　四二	33	ブリティッシュ・カウンシル奨学生としてケンブリッジ大学留学
一九六八　四三	34	東洋学部日本語専任講師（レクトー）となる

英語との出会い

一九四七年、山内は広島高等師範学校附属中学校に入学した。「四つの学び舎（や）（広島文理科大学、広島高等師範学校、同附属中学校、同附属小学校）」の伝統を受け継ぐ新制中学の第一期生であり、彼はここで初めて英語を学ぶことになる。教育実験校である附属中学校では、高等師範学校や文理科大学の学生による教育実習が行われるだけでなく、それらを卒業した優秀な教師が教鞭を執っていた。

そのうちの一人、最初の英

一九七五	五〇	41	博士論文完成。東洋学部の学生を対象に近代日本文学を講じる
一九七六	五一	42	帰国。東京工業大学助教授
一九七九	五四	45	東京大学教養学部助教授
一九八四	五九	50	日本学術振興会海外派遣研究員。ケンブリッジ大学、トリニティ・コレッジ、ヴィジティング・フェロー＝コモナー（一年間）
一九八七	六二	53	東京大学教養学部教授
一九九一 平成	三	57	国際交流基金日本研究客員教授としてトロント大学東アジア学科に派遣（八ヵ月）
一九九四	六	60	大江健三郎のノーベル賞受賞記念講演を英訳
一九九五	七	61	東大を定年退官。東大名誉教授。日本女子大学教授
一九九六	八	62	大英帝国三等勲爵士（CBE）受章
二〇〇二	一四	68	放送大学教授
二〇〇六	一八	72	了徳寺大学教授・副学長
二〇一〇	二二	76	了徳寺大学退職

語担任の橋本保人先生は、アルファベットを一切教えなかった。まず物を見せながら自分でその英語名を発音して生徒に繰り返させたあとで、黒板に書いた発音記号（国際音標文字）の書写を指示した。

英語入門期の生徒がアルファベットをローマ字風に読んでしまうと、不正確な発音を身につけてしまう恐れがあるので、それを避けるための工夫であったらしい。物―音―（発音）記号の結びつきで英語の手ほどきをしたのである。

戦前から母校の教壇に立つ松本鍾一先生は教科書以外のテキストを講読する課外授業では、英問英答を英語で行った。彼はまた自身の経験を活かしてサッカー部の顧問を務め、練習中の指示も英語で出していたという。昔の英語教育というと、ただ文法規則を教え込むだけの退屈な授業を連想する人が多いようだが、このような先端的ともいえる工夫を凝らしながら授業を行う優秀な英語教師は、いつの時代にもいたのである。

また高等師範、文理大で学んだ吉田弘重先生（のちに広島大学教授、アメリカ文学研究者）は、中学生でもわかるほど英語の発音が抜群に優れていた。山内が中学二年生のとき、教育実験校である附属中学は、中国・四国地方の英語教員を対象とした公開研究会を開き、吉田先生が指導する英語劇を上演した。演目はイギリスの牧師・小説家チャールズ・キングズリーの『王様とキャベツ』、山内は王様役に選ばれた。だが、これは主役ではない。

主役である農夫を演じたのは、クラスメイトの小日向洋二。彼は、山内の父親の恩師である著名な英文学者小日向定次郎を祖父に、東京帝大英文科出身で旧制広島高等学校の教授を務めた小日向幹夫を父に持つ。小日向の家に行くと、疎開先で被爆を免れた中世から現代までの英文学の「正典」が家中の書棚にずらりと並んでいた。もちろん*OED*『オックスフォード英語大辞典』もあり、これが英語辞典の極致であることを小日向の父に教えられた。

いまの山内を知る人間からするとにわかには信じがたいことだが、当時の小日向は、家庭環境もあってか、彼よりも数段英語ができたという。小日向は、高校二年時にはオールダス・ハクスリーの『恋愛対位法』を原書で読破するほどだった。

中学時代に用いた辞書としてとくに山内の記憶に残っているのは、岡倉由三郎編『スクール和英辞典』と岩崎民平（いわさきたみへい）編『英和小辞典』（いずれも研究社）である。前者については、和英辞典としてどれだけ活用したかは定かでないものの、付録としてつけられた英文法解説が面白く、繰り返し読むうちに高校で習う程度の英文法をそこで学ぶことができたという。後者は、五文型に対応する動詞の型が提示されていて、英文の基本構造を習得するために有益であった。

優秀な教師たちによる指導、英語劇の経験、そして小日向という友人の存在によって、英語は山内にとって身近なものになっていった。彼はそのまま高等師範学校附属高等学校（のちに広島大学教育学部附属高等学校）に進学し、ここでも優秀で個性的な英語教師たちの指導を受けることになる。

前述の松本先生は、生徒に英文の多読を勧めていた。山内は、勧められるままに、アメリカの女流作家バーネットの『小公子』や何冊かのホームズものを原書で読みはじめた。たまたま病気休学して一年留年するが、休学中に『小公子』を読み上げた。父の蔵書はすべて原爆で焼失していたので、同じころ古書で岡倉の『大英和』を買い求め、辞典の深みと奥行きを知った。『コンサイス・オックスフォード英語辞典』（*COD*）も新品を取り寄せたが、使いこなせるのはずっとのちになってからのことである。

復学後、新任の陣崎克博先生は、高一の授業の初回に数巻からなる本を持参し、「みなさん、学校文法というものを信じては駄目です。ここにあるのが、本当の文法です。これは、*Otto Jespersen, Modern English Grammar* です」と言って生徒の度肝を抜いた。

高校一年生相手にイェスペルセンを紹介することが正しい指導かどうかは議論が分かれるところだろうし、学校文法にもそれなりの役割があるのだが、この若い教師が当時最先端の英文法の体系を勉強することで得た知見を、熱意を持って生徒に伝えようとしていたことがうかがえる。陣崎先生は、のちに長崎大学を経て広島大学教授として、日本におけるアメリカ地域研究に足跡を残した。山内が附属中学・高校で英語を教わった先生は、ほとんど全員がのちに大学教員となっている。

このような環境での勉学が、やがて山内を英文学研究に向かわせることになる。ただし、一九五二年の夏、彼が友人小日向の自宅を訪れた際、将来の進路に関して小日向の父親から受けた忠告は次のとおりであった。「英文学だけは、あらゆる意味で至難の道だから、君たちは職業として選ばないように」。自立心が強く、何かにつけて反抗的な小日向がこの件だけは親の言うことを聞き、当時は彼よりも英語力の劣っていた自分が親友の父親の忠告に背くことになったのは皮肉というほかはないと山内は述懐する。

一九五四年、山内は東京大学に入学、同級生の大江健三郎らと駒場キャンパスでの教養教育を受けたのち、同じキャンパス内にある教養学科のイギリス科に進学した。

英文学を研究するつもりであれば、進学先として本郷キャンパスの文学部英文科のほうが有力な選択肢のように思われる。だが当時の山内は、英文学も含め、イギリスの歴史、思想、政治や経済などを総合的に学ぶ「学際的」な教養学科に惹かれた。

この選択が正しかったかどうかはわからない。学部生・大学院生・助手として本郷の英文科に、教員として教養学部、さらにその後期教養学科のイギリス科に所属したことのある僕としては、なおさらどちらの部局の教育が優れているとは言いづらい。

教養学科イギリス科に進学した山内は、堀大司、朱牟田夏雄（前々章参照）、上田勤（いずれも英文学）、木村健康（経済・社会思想）、山崎正一（哲学）、中村英勝（イギリス史）などから学んだ。教養学科は、専任・兼任の外国人教員を多く擁し、兼任教員の一人、中世文学の大家となる若き日のD・S・ブルーア（当時ICU〔国際基督教大学〕客員専任）との縁はケンブリッジまでつづく。

さらに、彼はここで素晴らしい出会いに恵まれた。オックスフォード大学を卒業したばかりの若きイギリス詩人アントニー・スウェイトが、一九五五年秋、新婦アンを伴って来日、イギリス科の専任外国人教師として着任したのである。少人数でスウェイトに教わる恩恵に浴した者として、同じ道を志すことになる一学年若い出淵博、海老根宏が一緒だった。

二年の在任期間を終えて帰国したスウェイトはBBCのプロデューサー、雑誌『リスナー』、『ニュー・ステイツマン』それぞれの文芸担当編集長、『エンカウンター』の共同編集長を歴任、時に大学で教鞭を執りながら詩作と文芸批評を続け、いまでは英文学事典に名前が載るほど著名な詩人・文学者である。その人物が、いまをさかのぼること七〇数年前、新進気鋭の文学教師として駒場の地に降り立ったのだ。

スウェイトと出会った山内は、その人間性があまりに健全であることに大きな衝撃を受けた。詩人や作家というものは、自らのなかにある病的なものや反社会性を創作活動によって文学に昇華させているのだと思い込んでいた彼は、詩人が健康的な人間たり得ることを知って驚きの目を見張った。

たしかに文学者には（文学研究者にも）一風変わった人が多い。また、イギリスは奇人・変人に寛容な国だから、浮世離れした人間に出くわす確率も高い。

その一方、この国には、それぞれの業界の中心にとてつもなく健全で優秀な人がいる。僕が英文学関係の集まりで何度か遠巻きに観察したかぎり、スウェイトもまたそのような人物の一人と見受けられた。

この優れた外国人教師と多彩な教員たちとの緊密な関係のなかでますます英文学の魅力に

取り憑かれた山内は、研究を深めるべく、本郷の大学院人文科学研究科英文学専門課程に進学する。指導教員は平井正穂教授。山内は学問の底なしの深さを知らされた。

そして、どうしても英語文化圏の大学を知りたい衝動から、博士課程在学中の一九六二年、二八歳のときに奨学金を得て渡米、ニューヨークのコロンビア大学に留学する。ここから自らのアイデンティティを模索しながらの海外生活がはじまるのである。

人生を賭した海外生活

コロンビア大学の修士課程を経て、山内はカナダ政府奨学生として国境を越え、トロント大学に一年間滞在した。S・T・コールリッジの膨大な手記を編纂中で、のちに全集の編集主幹となる同大のキャスリーン・コウバン教授には、東大で修士論文を書いていたころから憧れを抱いていた。山内は、夢が叶った思いがした。

トロント大学では、この大碩学のほか、文学批評の大家ノースロップ・フライも健在であり、またその年にはコーネル大学のM・H・エイブラムズが連続講義を行った。ロマン派の詩を専攻する山内にとって、トロント大学は学びの楽園だった。

コロンビアで修士号を取得した彼は、帰国すると同時に津田塾大学に職を得た。創設者津田梅子（一八六四〜一九二九。教育家）の精神を受け継ぐ同大の英語・英文学教育は充実したものであり、山内は、北米での留学経験で得た知見をいかんなく発揮した。同大で勤務した三年間は、自身の教員歴のなかでもきわめて貴重なものであったと彼は述懐する。

一九六七年、英語圏における英文学研究をさらに深めたいと考えた山内は、三三歳でブリティッシュ・カウンシル奨学生としてケンブリッジ大学に留学する。資格は「リサーチ・スチューデント」（大学院生）で、ピーターハウス（一二八四年創設、ケンブリッジ最古のコレッジ）に所属した。ここから八年半におよぶイギリス生活がはじまる。

ケンブリッジ大学は、オックスフォード大学とともに幅広い分野で最先端の研究を行う高等教育・研究機関だが、三一にのぼる知的共同体としての「コレッジ」を擁している。そこでは教師と学生が起居寝食を共にし、個人指導を中心とする徹底した学部教育のなかで有為な人材が育てられる。

「コレッジ」という伝統的組織において、学部学生と教育研究者としての「フェロー」は定位置を与えられているが、リサーチ・スチューデントの立場は曖昧で不安定だ。一九六八年に山内は、東洋学部日本語専任講師（レクトー）の職を得て、ケンブリッジにおける自身の立場を明確化することができた。同時に、D・E・ミルズ、カーメン・ブラッカーら優れた日本研究者とのかけがえのない友情を育む（はぐく）ことができた。

ケンブリッジ時代の山内の英語について、この二人が興味深い指摘をしている。まず、ミルズによれば、彼の書く英語の質は「驚異的」(phenomenal) だったという(「ある回想」)。母語話者が外国人の英語を評する際、ほとんど用いることのない形容詞だ。

ブラッカーの回想によれば、山内は、母語話者も興をそそられる英語の言い回しを用いていた。彼女が引っ越しをすると知った山内は、電話で荷造りの手伝いを申し出た。「力はお強い?」(Are you strong?) との彼女の質問に対し、彼は「見かけは頼りないかもしれませんが、結構力はありますよ」(Despite my unpromising appearance, I am rather strong.) と返したという(「ケンブリッジ時代の久明」)。とても電話口で咄嗟に出る表現ではない。

山内久明と言えば、多くの英文学関係者はケンブリッジを連想する。だが、すでに見たとおり、少なくとも彼の英語は中学以来の地道な勉強、スウェイトによる感化、北米での留学生活などが基礎となっている。

もちろん、英文学者としての彼のアイデンティティはケンブリッジ時代に作り上げられたと言えるかもしれない。だが、じつはこの時代ほど彼が自身の言語文化的アイデンティティについて思い悩んだことはなかった。

自分にとって、英語・英文学はあくまで他者である。日本人としてイギリスという現実のなかに身を投じ、そこで英文学の研究を続けていく自分は、英語とどう向き合い、それをどう用いるべきか。

山内は、自分のなかに徹底的に英語回路を作り、その回路で思考し、英語で自己表現する道を選んだ。とはいえ、英語を勉強しすぎて日本語が使えなくなってしまったわけではない。それどころか、彼の訳詩を読めば明らかなとおり、その日本語能力は並の日本人のそれをはるかにしのぐレベルである。二つの言語の回路を使い分け、自在に切り替えるのである。

拙著『英語達人塾』でも書いたとおり、英語学習欲の高い日本人のなかには、留学先では日本人と付き合おうとしなかったり、極端な場合には日本人にも英語で話しかけたりする人がいる。そういう人が大成したという話はまず聞いたことがない。

だが、山内の取材を進めるうち、例外と言ってもいいかもしれない人物の存在が浮かび上がった。母語と異文化のはざまで自らの位置を模索しつづけた山内が、一つの手本としてつねに意識していた英文学者マサオ・ミヨシ（三好将夫）である。

マサオ・ミヨシという存在

ミヨシは日本で教育を受け、旧制時代の東京大学で英文学を学んだのち、いったんは学習院大学に就職したものの、アメリカに飛び込んで一から英文学研究をやり直すことを決意、ニューヨーク大学で博士の学位を取ったのち、カリフォルニア大学バークレー校とシカゴ大学で教鞭を執った。山内によるミヨシ評を見てみよう。

ミヨシは日本の伝統的教育を受けたあと、アメリカで再教育され、アメリカの主要大学で専任として「英文学」を教え、広く強いインパクトを与えた、筆者の知る限り唯一の例である。リービ〔英雄〕の表現を借りると、リービとは逆の動きで、「周辺言語」から「中心言語」に「越境」し、英文学研究の分野で「中心」について語ったが、関心は「周辺」へと拡散し、１９７０年代以来友人となったチョムスキー（Noam Chomsky 1928-）やサイード（Edward Said 1935-2003）とともに、もっとも先鋭に「中心」を批判、国民国家を超越する立場に到達した。……膨大な著作を通じてミヨシの言説が説得力を持つのは、アメリカで英文学研究を通じて培った、厳しい論理と豊かな表現力を駆使して、「中心言語」で「中心」と対決したからである。
（「英語を学ぶ―母語と異文化のはざまで―」、斎藤兆史監修『英語へのまなざし』ひつじ書房、二〇一六年）

山内は、コロンビア大学留学中、共通の恩師たる平井正穂教授に紹介されて初めてミヨシと会った。ミヨシは、日本語を母語としながら、彼に対して最後まで英語しか話さなかったという。そこに山内は、「中心言語」の文化圏において「中心言語」を用いて暮らす生き方の厳しさを自ら示そうとするミヨシの姿勢を感じ取った。ミヨシはその秋から、バークレー校に専任として採用されることが決まり意気が揚がっていた。

僕などはミヨシの強烈な個性にすぐ拒絶反応を示してしまいそうだが、山内は、そこに人生の一つの選択肢を見たような気がした。そして、ケンブリッジ留学一年後に呼び寄せた家族の存在と、日本語専任講師(レクトー)としての職務を通して、日本との絆(きずな)を自覚する一方で、自分にはまだ甘えがある、英語の回路で生きる決意をし、ミヨシのように英語圏にとどまり、英語による英文学研究に挑戦することが果たして自分にできるかどうか——このような問いを抱くに至る。山内にとっての英語学習とは、方法論の域をはるかに超えた、人生を賭(と)した挑戦だったのである。

一九七五年、山内は博士論文'The Mind's Abyss: A Study of Melancholy and Associated States in Wordsworth and Coleridge, and in Some Late-Eighteenth-Century Writers'(精神の深淵(しんえん)——ワーズワース、コールリッジ、およびほかの一八世紀後期作家たちの憂鬱(ゆううつ)と精神状態の研究)を完成させた。最終指導教授は、ドクター・R・T・H・レッドパース、試験委員の一人はジョン・ビア教授だった。

ロマン派の詩人・作家たちを論じるにあたって、あえてその「精神の深淵」や「憂鬱」に着目したのは、原爆の記憶をトラウマとして抱える彼の終末観や奈落の感覚と響き合うものをそこに感じ取ったからではないだろうか。

博士論文を完成させた山内は、東洋学部の学生を対象として近代日本文学を講じる機会を与えられる。このときの講義は *The Search for Authenticity in Modern Japanese Literature*（近代日本文学の正統の探究）として、一九七八年にケンブリッジ大学出版局から出版された。

同書の夏目漱石に関する章の冒頭近くに、次のような一節が現れる。

［Natsume Sōseki］was, in the simplest possible terms, a highly serious writer for whom personal and cultural confrontation with the West was a matter of life and death.

［拙訳］

夏目漱石は、簡単に言ってしまえば、個人的にも文化的にも、生きるか死ぬかの覚悟で西洋と向き合った、きわめて真面目な作家であった。

この一文を書くとき、もしかしたら山内は自分と漱石を重ね合わせていたのではないか。少なくとも僕は、山内ほどの覚悟をもって英語圏に飛び込んでいった英文学者を知らない。

日本の大学教員として

博士号を取得した山内は、一九七六年に帰国して東京工業大学に職を得た。北米時代を含めると一一年以上もの海外生活を送りながら、どこか中途半端なところで帰ってきてしまったのではないか、ミヨシのように最後まで英語圏にとどまるのが正しい選択だったのではないかとの思いが胸に去来した。

一九七九年秋、山内は東京大学教養学部に就職する。二〇数年の時を経て、駒場の地に戻ってきたことになる。担当は、前期課程における英語教育、および古巣である後期課程・教養学科イギリス科における授業および学生指導であった。

このとき僕は本郷の英文科に進学したばかりで、残念ながら駒場でその薫陶に与ることができなかったが、大学院生になるころには、英文学界に山内久明という人がいることは耳に入っていた。聞けば、ごく自然にイギリス英語を話すという。英語好きの延長として英文科に進学した僕としては、大いに興味をそそられたものだ。

その後、英語を使用言語とする学会や講演会で司会や講師を務める彼を何度も目にしたが、その英語は評判以上だった。文法や語彙の選択が完璧なのはもちろん、発声そのものが本場仕込みで、ほれぼれするようなイギリス英語なのだ。あるとき、山内とペアを組んで英文学セミナーの司会をしていた英文学者が、自身留学経験も豊富で立派な英語の使い手なのだが、休憩時間に僕のところにやって来て、「あんな格調高い英語を話されちゃあ、困るなあ」とぼやいていたのを覚えている。

僕が一九九〇年に教養学部に赴任したころには、大学改革の嵐のなかで、彼はすでにさまざまな管理職の業務に忙殺されていた。一方では東大全体の「大学院部局化」(国立大学の組織を「学部」でなく「大学院研究科」に即して再編すること)に対応した駒場の大学院拡充と、他方では駒場本来の使命である前期課程教育の改革が急務であった。

渡邊守章(フランス文学、表象文化論)主導で進められた「言語情報科学」専攻の新設(一九九三年)に山中桂一、高村忠明ら英語担当教員とともに参画した山内は、初代専攻主任を務めた。同時進行の前期課程の英語改革は、今日に至るまで止むことのない「永久革命」を通じて、先端的な英語教育体制を駒場に築き上げた。その端緒において、躍動する若手教員による実働を、大学評議員でもあった山内は後押しした。

そのようなときでも、高度な英語の運用を要する業務では、彼は頼られていたようである。とくに、英語母語話者を教員として任用するにあたっては、イギリスの大学やブリティッシュ・カウンシルとの交渉を一手に任されていた。

一九九六(平成八)年、山内は、日本における英文学振興と日英文化交流への貢献が評価され、エリザベス女王から「大英帝国三等勲爵士」(Commander of the Order of the British

Empire〔CBE〕）の称号を与えられた。僕もイギリス大使館で開かれた叙勲式への参列を許され、見事な英語による受勲の挨拶にほれぼれと聞き入ったが、同じ思いで聴いていたのは当然ながら僕だけではなかったようで、そのときのサー・デイヴィッド・ライト駐日イギリス大使の表情はいまだに鮮明に脳裡（のうり）に焼きついている。挨拶を聞き終えた大使は、しばし茫然自失といった表情で間を置いたのち、「こんな見事な受勲のスピーチは聴いたことがない」とため息まじりに語っていた。

大江健三郎のノーベル賞受賞記念講演の英訳

スピーチの英語ということで言えば、山内の数々の業績のなかでも一般に知られたものとして、一九九四年にノーベル文学賞を受賞した大江健三郎の受賞記念講演の英訳がある。大江がその大仕事を、自分の作品を英訳してきた日本文学翻訳家ではなく友人である山内に依頼したのは、英語話者の翻訳家より彼の英語力のほうを高く評価していたということよりも、別の理由があったのではないか。

「あいまいな日本の私」と題されたその講演の日本語原文を読んだとき、僕にはその理由がなんとなく見えてきたような気がした。その中心に据えられているのは、日本が太平洋戦争という記憶とどう向き合うか、そこで問われたモラルをどう見直し、国として再生すべきなのか、そしてそのために文学に何ができるか、との問いである。

この問い、そして文学者としての使命感を正確に英語に変換できるのは、歴史に対して自分と同じ感覚を持ち、戦争の悲劇を自分よりもはるかに激烈に体験した山内をおいてほかにない。大江はそう考えたのではないか。もちろん、これは僕の勝手な推測ではあるが。

大江の問いが比較的明確に示されている日本語原文の一節と、その英訳を見てみよう。


日本と日本人は、ほぼ五十年前の敗戦を機に――つまり近代化の歴史の真ん中に、当の近代化のひずみそのものがもたらした太平洋戦争があったのです――、「戦後文学者」が当事者として表現したとおりに、大きい悲惨と苦しみのなかから再出発しました。新生に向かう日本人をささえていたのは、民主主義と不戦の誓いであって、それが新しい日本人の根本のモラルでありました。しかもそのモラルを内包する個人と社会は、イノセントな、無傷のものではなく、アジアへの侵略者としての経験にしみをつけられていたのでした。また広島、長崎の、人類がこうむった最初の核攻撃の死者たち、放射能障害を背負う生存者と二世たちが――それは日本人にとどまらず、朝鮮語を母国語とする多くの人びとをふくんでいますが――、われわれのモラルを問いかけているのでもありました。

Right in the middle of the history of Japan's modernisation came the Second World War, a war which was brought about by the very aberration of the modernisation itself. The defeat in this War fifty years ago occasioned an opportunity for Japan and the Japanese as the very agent of the War to attempt a rebirth out of the great misery and sufferings that were depicted by the 'Post-war School' of Japanese writers. The moral props for Japanese aspiring to such a rebirth were the idea of democracy and their determination never to wage a war again. Paradoxically, the people and state of Japan living on such moral props were not innocent but had been stained by their own past history of invading other Asian countries. Those moral props mattered also to the deceased victims of the nuclear weapons that were used for the first time in Hiroshima and Nagasaki, and to the survivors and their off-spring affected by radioactivity（including tens of thousands of those whose mother tongue is Korean）.

「ひずみ」に対するaberrationなどは、とても普通に思いつく訳語ではないし、接続詞の「しかも」がParadoxically（逆説的ではあるが）という文副詞に変換されているあたりに、翻訳者の原文理解と英語運用がきわめて高度であることが示されている。

とはいえ、一方で高度で冷静な言語変換を行いながらも、Hiroshimaという九文字を打つときの山内の胸には熱いものがこみ上げていたのではないか。これもまた僕の勝手な推測なのだが。

一九九五年から二〇〇二年にかけて『朝日新聞』夕刊紙上で、大江はスーザン・ソンタグ、アマルティア・セン、サイード、チョムスキーなどを含む一一人の「外国人作家」との間で往復書簡を交わした。全二四通の大江書簡のうち一八通の英訳のために山内は力を尽くした。ノーベル賞受賞記念講演につづいて、大江は同時代感覚の共有を山内の英訳に求めたと考えられる。

日本語と英語のはざまで

山内は、東大を定年退職したのち、日本女子大学教授、放送大学教授ほか、いくつかの教育・研究職を歴任する。またイギリスから帰国して以来の聖心女子大学における兼任歴は、海外出張期間を除いて、三〇年の長きにわたった。

放送大学在職中に制作した英語・イギリス文学・イギリス文化関係の放送授業はいずれもきわめて上質のものである。そのなかでもテレビで放送された「英語Ⅳ（'99）」（グレアム・

ローと共同制作）は、山内が実際に英語を話している場面を収めた貴重な教材で、その一部はのちに「もう一度みたい名講義」として再放送された。日本の英語教育界の宝とも言える映像資料なので、放送大学にはぜひ大切に保存するようにお願いしておきたい。

その授業のなかでイギリスの屋敷について語っているのは、放送大学の学生や視聴者にはただのイギリス人夫婦に見えたかもしれないが、先述の詩人アントニー・スウェイトと伝記作家の妻アンで、なんと贅沢なゲストかと目を見張るばかりだ。

二〇一九（令和元）年に『アントニー・スウェイト対訳詩選集』が出版された。訳者は山内とその妻玲子である。同書が原詩の選集でもなく、また訳詩集でもなく、「対訳詩集」であることの意味を、山内は「訳者あとがき」で次のように説明する。

一般に、訳者は訳詩をできるかぎり原詩に近づけて伝えることに努めるが、原詩の韻律など音声的・構造的特質を訳詩に移し換えることが事実上不可能であることを認識せざるを得ない。この認識は、訳者と信頼関係によって結ばれている原著者である詩人も等しく共有する。他方、原詩と訳詩が並列されていると相互補完的な効果が期待できる。もちろん、原詩を読むことのできる読者には訳詩は不要であり、逆に訳詩を読む読者が原詩を読むとは限らない。しかし第三のタイプとして、訳詩から遡（さかのぼ）って原詩を読みたいと思う読者もあるはずである。

そして、彼は「第三のタイプの読者が、訳詩を契機として、意味と音声とが協和して成り立つ原詩を読むこと」の意義を強調する。すなわち、この本を対訳詩集として出版する明示的な意義は、そのような読者に英詩の魅力を知ってもらうことにある。

僕は、この本の仕立て、そして「訳者あとがき」に示された「認識」に、山内が自らの立ち位置を模索しながら生涯かけてたどり着いた一つの境地を見た思いがする。それはまさに、日本に居ながらにして日本語を通して英文学を研究する学者でもなく、英語圏に自己を投入し、自己と他者との緊張関係のなかで格闘しながらも、あくまで英語による研究を続けたミヨシでもなく、日本語と英語という二つの言語世界のはざまで、その対立と融合を激烈に体験した山内だからこそたどり着くことのできた境地なのだと思う。

時折山内は、ミヨシとは違って、英語圏にとどまることを放棄して帰国したために、どこか自分の仕事が中途半端であって、英文学研究に大きな貢献をなし得ていないとの認識を口にすることがある。

ただし、これは僕のエゴかもしれないが、彼が日本に帰ってきてくれたことを心から喜びたい。それどころか、どれだけ多くの後進がその薫陶に浴したかを思うとき、日本にいてくれなくては困る存在だと言ってもいい。

学者の価値は、論文や著作の多寡だけでは測れない部分が多い。もちろん、山内には質の高い業績が数多くあるが、それ以外の部分における影響力、教育的な価値は測りきれない。そして、本書の趣旨から言えば、日本人英語使用者としての手本を示してくれている点をあらためて強調しておきたい。

現在、日本の英語教育は混乱の真っ只中にある。英語教育関係者すら英語使用の手本を示すことができぬままに、成功例のない、さらには成功する見込みすらない政策が次々と飛び出してくる。そのようななかで、日本人にとって英語とは何か、英語を身につけるとはどういうことかをもう一度原点に返って問い直してみるべきではないか。山内をはじめ英語達人たちの英語学習の軌跡は、その問いの答えを探す際に大きなヒントとなるはずである。

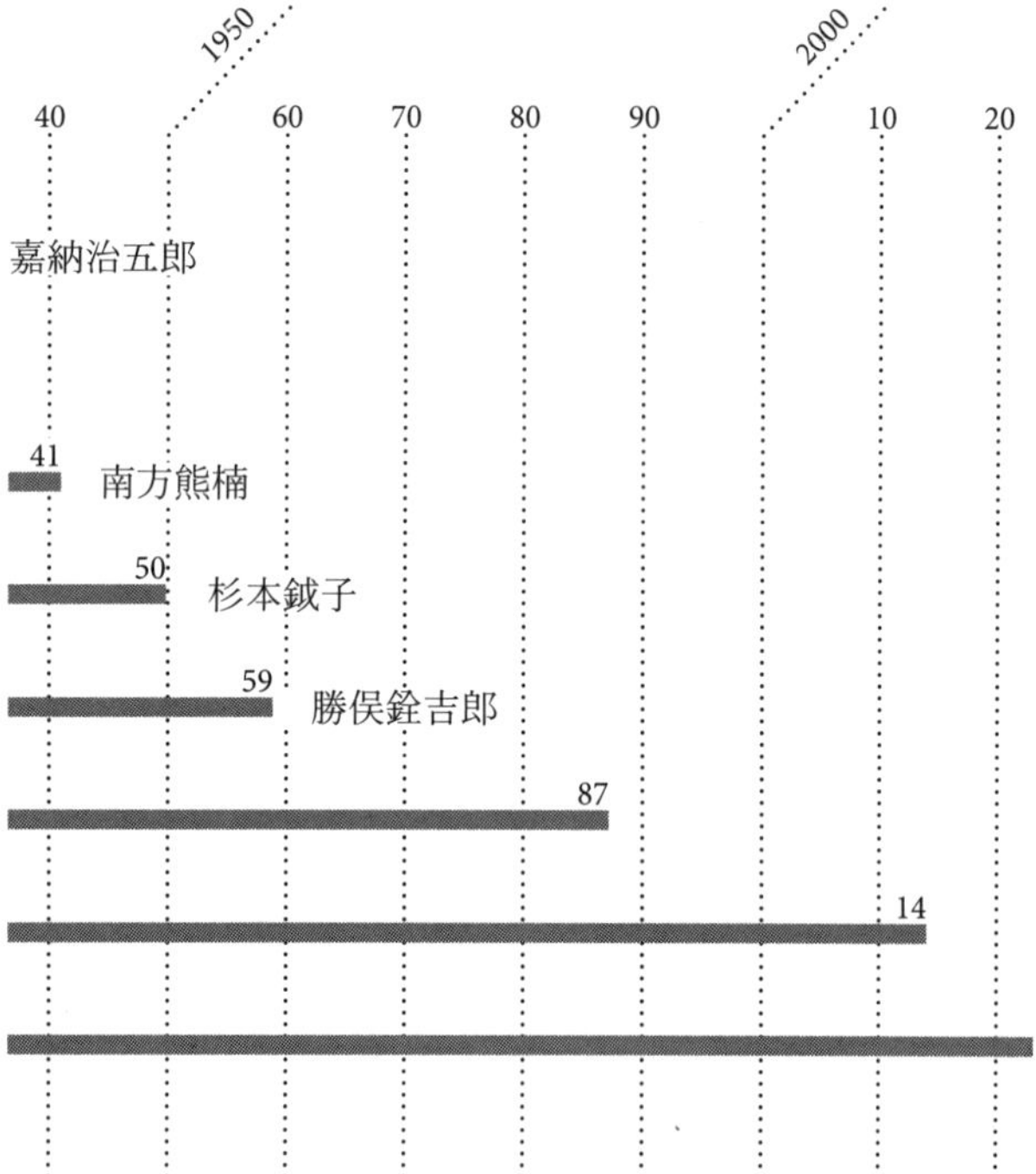

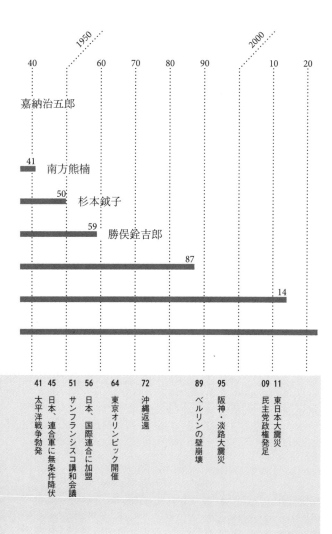

41 太平洋戦争勃発
45 日本、連合軍に無条件降伏
51 サンフランシスコ講和会議
56 日本、国際連合に加盟
64 東京オリンピック開催
72 沖縄返還
89 ベルリンの壁崩壊
95 阪神・淡路大震災
09 民主党政権発足
11 東日本大震災

クロノロジカル・チャート

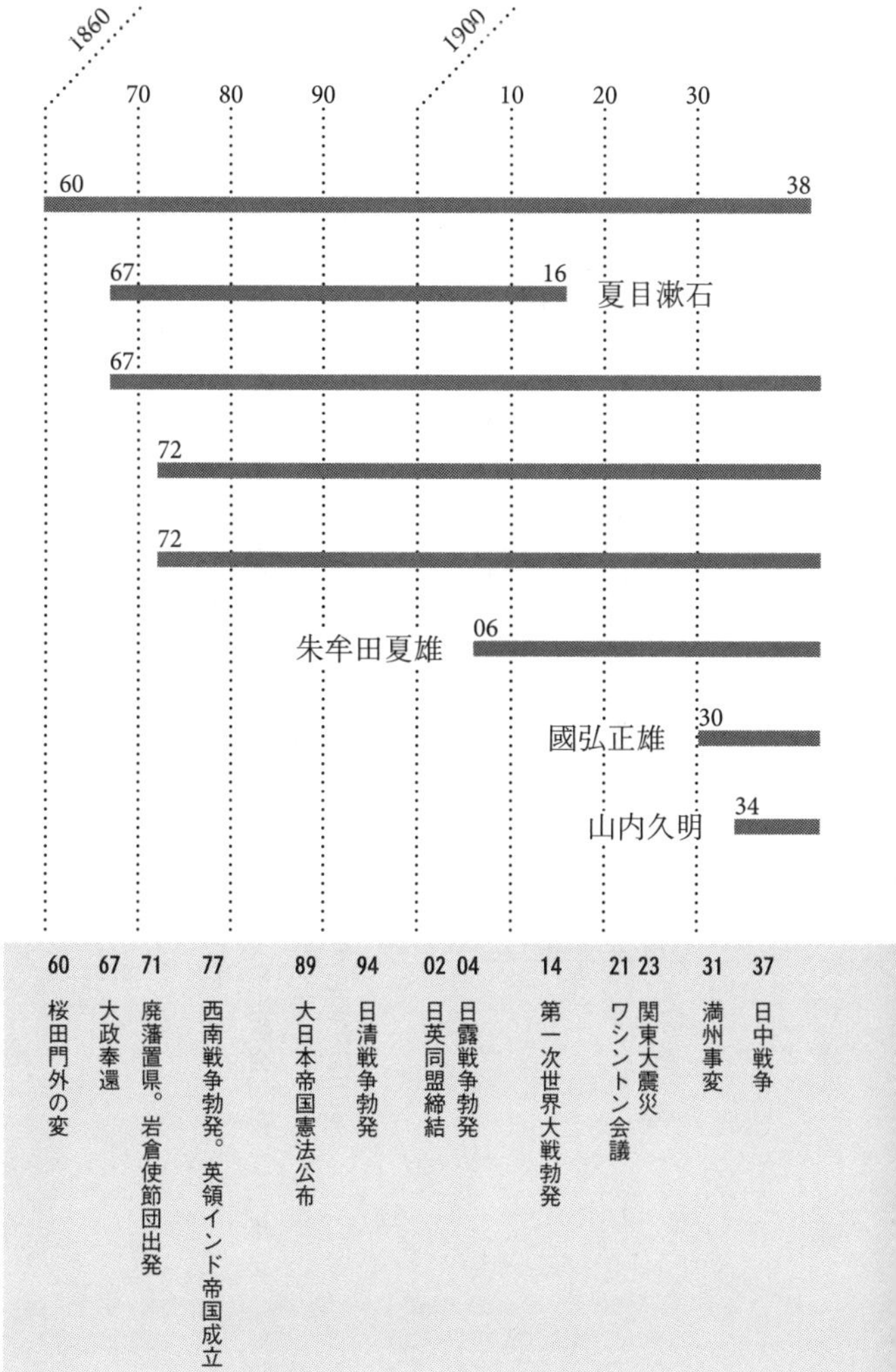

参考文献

第Ⅰ章

嘉納治五郎『嘉納治五郎――私の生涯と柔道』日本図書センター、一九九七年
生誕一五〇周年記念出版委員会編『気概と行動の教育者嘉納治五郎』筑波大学出版会、二〇一一年
庭野吉弘『日本英学史叙説――英語の受容から教育へ』研究社、二〇〇八年
John Stevens, *The Way of Judo: A Portrait of Jigoro Kano and His Students*, Shambhala, 2013.

第Ⅱ章

『漱石全集』第一三、一九、二六巻、岩波書店、二〇一八、一九年
川島幸希『英語教師夏目漱石』新潮社、二〇〇〇年
川澄哲夫編『文明開化と英学』資料日本英学史1下、大修館書店、一九九八年
川澄哲夫編『英語教育論争史』資料日本英学史2、大修館書店、一九九六年
佐々木英昭『夏目漱石――人間は電車ぢやありませんから』ミネルヴァ書房、二〇一六年

第Ⅲ章

『南方熊楠全集』第一〇巻、平凡社、一九七三年
笠井清『南方熊楠——人と学問』吉川弘文館、一九八〇年
笠井清『南方熊楠外伝』吉川弘文館、一九八六年
志村真幸『南方熊楠のロンドン——国際学術雑誌と近代科学の進歩』慶應義塾大学出版会、二〇二〇年
中瀬喜陽・長谷川興蔵編『南方熊楠アルバム』八坂書房、一九九〇年
『kotoba』第一九号（特集——南方熊楠「知の巨人」の全貌）、集英社、二〇一五年
南方熊楠「履歴書」『日本人の自伝』一三、平凡社、一九八一年

第Ⅳ章

Collected English Works of Etsu Inagaki Sugimoto（『エツ・イナガキ・スギモト（杉本鉞子）英文著作集』）, Edition Synapse, 2013.
内田義雄『鉞子——世界を魅了した「武士の娘」の生涯』講談社、二〇一三年
多田建次『海を渡ったサムライの娘杉本鉞子』玉川大学出版部、二〇〇三年

第Ⅴ章

Senkichiro Katsumata, *Gleams from Japan*（和光集）, Kenkyusha, 1937.
『英語青年』第一〇五巻第一二号、研究社、一九五九年
出来成訓「英学者勝俣銓吉郎」『英学史研究』第九号、一九七七年

第Ⅵ章
朱牟田夏雄『英文をいかに読むか』研究社、一九五九年
朱牟田夏雄「英語教育私観」、福原麟太郎・岩崎民平・中島文雄監修『英語教育論』現代英語教育講座第一巻、研究社、一九六四年
朱牟田夏雄『わが落書き帖』吾妻書房、一九七四年
朱牟田夏雄ほか『英語研究法』現代の英語教育第一二巻、研究社、一九七九年
朱牟田先生追悼文集刊行会『怒らぬ人――朱牟田夏雄先生を偲ぶ』英宝社、一九八八年
行方昭夫『英会話不要論』文藝春秋、二〇一四年

第Ⅶ章
國弘正雄『英語の話しかた――同時通訳者の提言』サイマル出版会、一九七〇年
國弘正雄『落ちこぼれの英語修行――異文化のかけ橋をめざして』日本英語教育協会、一九八一年
鳥飼玖美子『通訳者と戦後日米外交』みすず書房、二〇〇七年
鳥飼玖美子『通訳者たちの見た戦後史――月面着陸から大学入試まで』新潮社、二〇二一年
多賀幹子『リベラル党発進――國弘正雄の護憲と非戦』三友社出版、一九九四年

第Ⅷ章

山内久明・山内玲子訳『アントニー・スウェイト対訳詩選集』松柏社、二〇一九年

George Hughes, ed., *Corresponding Powers: Studies in Honour of Professor Hisaaki Yamanouchi*, D. S. Brewer, 1997.

Douglas Mills, 'A memoir' in Richard Bowring（ed.）*Fifty Years of Japanese at Cambridge: A Chronicle with Reminiscences*, Faculty of Oriental Studies, University of Cambridge, 1998: 57–63.

Hisaaki Yamanouchi, *The Search for Authenticity in Modern Japanese Literature*, Cambridge University Press, 1978.

Hisaaki Yamanouchi, 'Confessions of a Wandering Scholar', *The Transactions of the Asiatic Society of Japan*, Vol. 20, 2006: 100–105.

あとがき——達人に学ぶ英語の教育と学習

執筆を終えて

前著『英語達人列伝』の続編を書き終えたいま、心底安堵（あんど）している。続編を書きたい気持ちは、前著出版後二〇数年ずっと持ちつづけていたものの、もしかしたら無理かもしれないとの思いもあった。願望と諦念（ていねん）とがちょうど半々の勢いで戦いつづけていた。

諦念の裏には、はっきりとした理由がある。まずは、「まえがき」でも書いたとおり、前作の達人たちに匹敵するような英語使いや伝説の主人公として面白い人物を見つけ出すことは容易ではない。

だが、これは二〇年余の間に解決を見た。達人候補の選出は、もちろん容易ではなかったけれども、長年の勉強の甲斐あって、前著の達人たちに匹敵するような英語使いを見つけることができた。

欲を言えば、女性の達人をもっと拾い上げたかった。候補の段階では何人か思いついてはいたのだが、明治から戦前まで活躍の場が制限されていたこともあるのか、僕の調べ方が悪かったたか、十分な資料が見つからなかった。

もう一つの理由のほうが手強（てごわ）かった。第二弾の完成まで気力と体力を保つ自信がなかったのである。第一弾では、準備期間や一年半におよぶ『中央公論』の連載期間に日本各地を回り、時間をかけて調査や取材を行うことができた。同じだけの手間と時間をかけて新著の執筆に臨む覚悟が決まらなかった。

四年前、意を決して執筆の意向を編集者に伝えたものの、不安は消えなかった。途中で放り出すことになっては、編集者に迷惑がかかるばかりでなく、調査・取材に協力してくれた人たちにも申し訳が立たない。

さらに悪いことに、二〇二〇年の春にはじまったコロナ禍により、調査・取材どころか、図書館の利用すらままならぬ状況が訪れた。あまつさえ、時を同じくして東京大学教育学部附属中等教育学校の校長職兼務を命じられ、コロナ禍の学校運営に忙殺された。

その一方、インターネットの普及により、達人候補者たちに関する情報収集は、前回とは比べものにならないほど楽になった。この分なら書けるかもしれない。願望が諦念を打ち負かした。

達人たちに共通する学習法

本書を書き上げてあらためて不思議に思うのは、前著の達人たちも含め、これだけの英語の使い手たちの学習法が日本の英語教育史上注目されてこなかったことである。日本語母語話者として、基本的に日本で教育を受けたにもかかわらず、並の英語母語話者をはるかにしのぐ英語力を身につけた人たちがいる。彼らを手本とせず、何を手本にしようというのか。

理由はわからないでもない。これほどの英語修業を行うなど、例外的な人たちである。そう認識されているのかもしれない。

とはいえ、達人たちはなにか特殊な修業を行ったわけではない。当たり前の学習法を、とてつもない時間をかけ、とてつもない情熱と根気を持って実践しただけである。

彼らに共通する当たり前の学習法とはどのようなものか。それは、すでにご覧いただいたとおり、文学作品を中心とした英書をたくさん読む、辞書を引く、音読・筆写をする、目についた英語表現を書きためる、作文をする、ことあるごとに英語を使う、という多彩ながらも地道なものだ。

残念ながら、昭和後期に英語圏由来のコミュニカティブ・アプローチなる英語教育理念が輸入されて以来、音読を例外とすれば、それらは日本の英語教育低迷の元凶たる、古臭い学習法と認識されるようになった。逆に、口頭でやり取りをする練習が推奨されている。

学習指導要領によれば、中学でも高校でも、英語の授業は英語で行うことが基本とされている。多様化の時代といいながら、英語教師の多様性だけは認めないのがいまの英語教育政策だ。教師の得手不得手にかかわらず、みな同じような授業実践に追い込まれている。文法・読解が得意な教師だからといって、文法訳読式の授業などやろうものなら、たちまち袋叩きにあう。

過去三〇年以上に及ぶコミュニケーション重視の英語教育によって優秀な英語使いが続々と生まれているなら、僕もその次世代の英語達人候補に注目することはやぶさかではない。だが、学習者はおろか、そのような教育を提唱する教師、学者のなかにも、本書の続編（があるとして）にご登場いただきたい英語の使い手はいまのところ見つかっていない。

日本語と英語が多くの点でかけ離れた言語である以上、日本語母語話者が英語を学ぶには、文法学習においても読解においても、まずは日本語を活用し、理屈で考えるほかはない。昨今、英文読解関係の名著の復刊や新著の刊行が目立つのは、日本人が上質な英語を身につけるための伝統的な方法論が見直されはじめていることの証左ではないだろうか。

英語学習を妨げるカタカナ英語

英語教育との関連で論じられることはあまりないのだが、日本人が英語を学ぶ際にどうしても考えてもらいたい事象がある。僕自身は、英語を日本語に訳すという作業や辞書による確認を忌避するようになった英語教育とも大いに関係があると考えている。カタカナ英語の急増である。

カタカナ英語がいかに日本語の生態系を脅かしているかは、嶋田珠巳ほか編『言語接触――英語化する日本語から考える「言語とはなにか」』（東京大学出版会、二〇一九年）で多少学術的に論じたつもりである。また鳥飼玖美子氏と共著で書いた『迷える英語好きたちへ』（集英社インターナショナル、二〇二〇年）でも、コロナ禍でいかにおかしなカタカナ英語が誕生したかに触れた。ここでは、簡単な例を引いて、この事象がいかに日本人の英語学習の妨げになっているかを論じたい。

なぜカタカナ英語が多用されるのか。それを多用する日本人の心理はよくわからない。英語そのものは手におえないが、英語使用への強い憧れはある。だから、せめて日本語のなかで使いこなせる語句だけをカタカナにして使う、ということなのだろうか。だが、それで英語を使いこなせていると思っていること自体が勘違いである場合が多い。

英語の語彙は、英語の構造のなかで使用されて初めて意味が正しく伝わる。英文のなかから単語だけを取り出して日本語の文脈に入れた途端、その意味は歪んでしまうのだ。歪みが大きくなると、いわゆる「和製英語」となる。その歪みの速度と大きさこそ、日英両言語の大きな違いを表していると言ってもいい。

日本人の多くが、和製英語になってしまっていることに気づかずに使っているカタカナ英語に「チャレンジ」がある。「挑戦」と同義と誤解して「チャレンジする」という表現を使うものだから、「チャレンジ」は「する」ものだと思っている。

だが、本来の意味から言えば、「チャレンジ」とは、あちら側に立ちはだかっているものだ。受験生が難関大学の入試に向かって行うことが「チャレンジ」なのではなく、難関大学の入試が受験生にとっての「チャレンジ」なのである。

また、次々に新しいことに挑むような人や物を「チャレンジング」と（誤って）表現することがあるようだが、動詞の「チャレンジ」もあちら側からこちらに挑みかかってくる動きを表す。「チャレンジングな人だ」とほめたつもりでも、それを英語で言った場合、文脈によっては「厄介な人」と受け取られかねない。challenging school は新しいことに取り組む学校ではなく、教員にとって手強い「教育困難校」である。

このあたりでカタカナ英語と英語教育・学習の関係がおわかりいただけるかと思う。大学で英作文の授業を担当すると、カタカナ英語をそのまま英文のなかで用いる学生が多いことに驚かされる。先の「チャレンジ」について言えば、他動詞 challenge の目的語として行為を表す to 不定詞や挑戦する内容を表す名詞を置いたりする。辞書さえ引いてもらえば、そのような用法がないことはすぐにわかるはずである。

あるいは、「フォトジェニック」なる形容詞もそうだ。日本語のなかで意味が歪んだ結果、「フォトジェニックな景色」などという言い方をする人がいるが、**photogenic**を辞書で引けば、「〈人が〉写真写りの良い」、英英辞典であれば、**'**(especially of a person) looking **attractive in photographs or on film'**（*Oxford Dictionary of English*）とちゃんと書いてある。つまり、もっぱら人を形容するときに使う単語なのだ。

少しばかり格好がいいからといって日本語のなかに持ち込まれたカタカナ英語は、日本語でもない、英語の文脈に戻しても使えない、そんなおかしな語彙として日本語のなかに増殖しつづけている。この状況を早くなんとかしないと、日本語の生態系が崩れるばかりか、日本人の英語学習まで妨げられる。

大英帝国と英語

ちょうどこの最終部を書きはじめたころ、エリザベス女王死去の知らせが報じられた。もともとイギリス文学から研究をはじめ、またブリティッシュ・カウンシルの奨学金を得てイギリス留学をさせてもらった人間としては、大いなる感謝の気持ちとともに、お世話になりました、と頭を下げたい。

イギリス国歌も、「ゴッド・セイヴ・ザ・クイーン」から「ゴッド・セイヴ・ザ・キング」に変わった。正統的なイギリス英語も、これからはキングズ・イングリッシュと呼ばれることになる。もちろん、イギリス英語の何かが実質的に変わるわけではない。

エリザベス女王の国葬の様子は日本のメディアでも広く放送されたので、ご覧になった方も多いのではないかと思う。女王を追悼するに相応しい荘厳なる儀式だった。

一連の儀式のなかで用いられた英語についても、一言触れておきたい。宗教的な内容を表す語彙も含め、格調高い英語が用いられていたことは間違いない。

だが、もし女王の国葬、あるいはその前後の式典で用いられていた英語に馴染みがなく、自分がいつも勉強している英語とまるで違うと感じた人は、正しい英語を学んできたかどうか、いま一度点検してみる必要がある。語彙や文体の格調が高いとはいえ、あれは普通の英語である。

英語との関連でやはり触れておきたいのが、エリザベス女王の国葬に対するイギリス以外の英連邦の反応である。英連邦は、英国王を団結の象徴とする、イギリスおよびその旧植民地からなる緩やかな共同体で、そこに属する国のなかには、英国王を君主としている王国もある。その英連邦のなかに、女王の国葬に対して複雑な思いを持っている国があることも、一連の報道のなかで指摘されていた。

なぜか。植民地支配を受け、属国としての屈辱を味わったからである。植民地のなかには、もともとの言語文化を奪われ、英語文化圏となってしまったところも多い。英語支配への恨みを述べようにも、それを英語でしか表現できないとは、なんと皮肉なことだろうか。

英語がここまで世界に広がった第一の力学は、大英帝国の植民地支配による英語の世界的展開である。いまや英語は、国際的なコミュニケーションを可能にする世界共通語だと綺麗(きれい)事(ごと)を言ってみても、英語という言語が内包する負の歴史は消し去ることができない。

また、イギリスにとってみれば、英語は無尽蔵の文化資源である。これが金になれば、こんな有難いことはない。「英語はもはや自分たちの手を離れた世界語ですから、自由にどんどん使いましょう」などとうまいことを言いながら、教科書を売り、認定試験を作り、世界中に英語教師を送り出す。

英語を学べば学ぶほど、この言語をめぐる政治・経済・文化的なカラクリや思惑が見えてくる。それを理解したうえでどうするか。できれば、そこを見据えた英語学習を行っていただきたい。

英語をどう教え、どう学ぶか

この主題についてはほかの著作でもさんざん論じてきたし、本書の最後に至って理念的な議論を大々的に展開すると、実像として描いてきた達人たちの偉業を汚してしまうような気もするので、詳述は避けたい。興味がおありの向きは、ほかの拙著をお読みいただけると幸いである。

ただ、二〇二〇年より二年間、中等学校の校長を務めたこともあり、教育現場に関する知見を深めることができたので、ごく簡単に日本の英語教育・学習について触れておきたい。もちろん、基本的にいままで論じてきたことと変わりはない。

まず学校英語教育については、あくまで英語学習者の基礎固めを目的とすることを確認しておきたい。学校教育にできることには限界がある。高校卒業時に「使える英語」を身につけさせようとするのは、「使える英語」の定義にもよるが、現実的ではない。

基礎固めという目的を考えれば、あまり早いうちから破調の英語でやり取りをさせるのは好ましくない。学校文法を活用して英語の構造を丁寧に教え、その実際の運用法を、教師が手本を示したうえで実践させるのがよい。

訳読についても、再評価する時期に来ているのではないか。訳読は役に立たないと言う人は多いが、役に立たないのは「下手な訳読」である。英語教育の先達が工夫して編み出した教授法は大いに活用すべきだろう。

また、教師にはそれぞれ得意技がある。文法解析、読解、発音指導、会話などなど。それを大いに活かせばよい。訳読はするな、授業は基本的に英語で行え、文法を明示的に教えるべきではない、と行政や学界から圧力をかけられたら、教師は萎縮するばかりである。教師が上質の英語使いとして学習者に質のよい英語の基礎を授けるという大前提さえ見失わないかぎりにおいて、英語教育がもう少し伸び伸びと行われるようになることを期待する。

自主的な英語学習についても、多くの拙著で述べてきたとおりである。とくに前著の姉妹編である『英語達人塾』に記したことを実践していただければ、上質な英語力を身につけることができると確信する。

基本は単純である。達人たちの学習法を真似すればよい。音読、素読、文法解析、辞書の多用、暗唱、多読、暗記、作文、その他、考えうるかぎり質の高い英語に触れ、それを真似して使う練習をする。それを毎日行う。それだけである。

最後に

本書の完成にいたるまで、多くの方のお力添えをいただいた。とくに東京大学名誉教授の行方昭夫先生には、朱牟田夏雄に関する情報提供のみならず、折に触れてご指導と激励をいただいた。また、朱牟田に関する草稿までご確認をいただいた。行方先生については、あらためて一文を草したいと考えている。鳥飼玖美子氏には、國弘正雄についての情報をご提供いただいた。この場を借りてお礼を申し上げる。

山内久明先生には、長時間にわたる取材の末に主人公としてご登場いただいたばかりでなく、拙稿の確認までお願いすることになった。お人柄から想定されたことではあるが、先生の英語や業績を僕が称賛している箇所については、その筆致に抑制をかけるようにとの要望をいただいた。思いのままに紹介できないもどかしさもあるが、尊敬する先生のご意向に沿った小伝に仕上げるべく、しかるべく修正を施すことになった。山内先生からは、英語・英文学ばかりでなく、学者としての生き方も学ばせていただいた。心からの感謝を申し述べたい。

最後に、中央公論新社の白戸直人さんに感謝申し上げる。本書を担当してくれた白戸氏は、前著『英語達人列伝』の元になった『中央公論』誌上の連載記事「英語達人伝説」の担当編集者でもあり、早いもので四半世紀の付き合いになる。僕の新書執筆の文体は彼が作ってくれたものだと言っても過言ではない。心から信頼できる編集者に著作を担当してもらえるのは、この上ない幸せである。

令和四年十月

斎藤兆史

斎藤兆史（さいとう・よしふみ）

1958年（昭和33年），栃木県に生まれる．81年，東京大学文学部英語・英米文学科卒．同大学院人文科学研究科英語英文学専門課程修士課程修了．インディアナ大学英文科修士課程修了．ノッティンガム大学英文科博士課程修了（Ph.D）．東京大学文学部助手，同大大学院総合文化研究科准教授・教授を経て，現在，同大大学院教育学研究科教授．

著書『英語達人列伝』（中公新書）
『英語達人塾』（中公新書）
『英語の作法』（東京大学出版会）
『日本人のための英語』（講談社）
『英語の味わい方』（NHK ブックス）ほか
訳書『コペルニクス博士』（ジョン・バンヴィル著，白水社）
『ここだけの話』（ジュリアン・バーンズ著，白水社）
『少年キム』（ラドヤード・キプリング著，晶文社）
『詩の記号論』（ミカエル・リファテール著，勁草書房）
『不思議議なみずうみの島々』（ウィリアム・モリス著，晶文社）
『ある放浪者の半生』（V.S. ナイポール著，岩波書店）
『魔法の種』（V.S. ナイポール著，岩波書店）

英語達人列伝 Ⅱ
中公新書 2738

2023年2月25日発行

著　者　斎藤兆史
発行者　安部順一

本文印刷　三晃印刷
カバー印刷　大熊整美堂
製　本　小泉製本

発行所　中央公論新社
〒100-8152
東京都千代田区大手町 1-7-1
電話　販売 03-5299-1730
　　　編集 03-5299-1830
URL https://www.chuko.co.jp/

Published by CHUOKORON-SHINSHA, INC.
Printed in Japan　ISBN978-4-12-102738-2 C1282

中公新書刊行のことば

いまからちょうど五世紀まえ、グーテンベルクが近代印刷術を発明したとき、書物の大量生産は潜在的可能性を獲得し、いまからちょうど一世紀まえ、世界のおもな文明国で義務教育制度が採用されたとき、書物の大量需要の潜在性が形成された。この二つの潜在性がはげしく現実化したのが現代である。

いまや、書物によって視野を拡大し、変りゆく世界に豊かに対応しようとする強い要求を私たちは抑えることができない。この要求にこたえる義務を、今日の書物は背負っている。だが、その義務は、たんに専門的知識の通俗化をはかることによって果たされるものでもなく、通俗的好奇心にうったえて、いたずらに発行部数の巨大さを誇ることによって果たされるものでもない。現代を真摯に生きようとする読者に、真に知るに価いする知識だけを選びだして提供すること、これが中公新書の最大の目標である。

私たちは、知識として錯覚しているものによってしばしば動かされ、裏切られる。私たちは、作為によってあたえられた知識のうえに生きることがあまりに多く、ゆるぎない事実を通して思索することがあまりにすくない。中公新書が、その一貫した特色として自らに課すものは、この事実のみの持つ無条件の説得力を発揮させることである。現代にあらたな意味を投げかけるべく待機している過去の歴史的事実もまた、中公新書によって数多く発掘されるであろう。

中公新書は、現代を自らの眼で見つめようとする、逞しい知的な読者の活力となることを欲している。

一九六二年一一月

中公新書

世界史

中公新書

現代史

f3

2590 人類と病　詫摩佳代
2664 歴史修正主義　武井彩佳
2451 トラクターの世界史　藤原辰史
2666 ドイツ・ナショナリズム　今野　元
2368 第一次世界大戦史　飯倉　章
2681 リヒトホーフェン―撃墜王とその一族　森　貴史
27 ワイマル共和国　林　健太郎
478 アドルフ・ヒトラー　村瀬興雄
2553 ヒトラーの時代　池内　紀
2272 ヒトラー演説　高田博行
1943 ホロコースト　芝　健介
2349 ヒトラーに抵抗した人々　對馬達雄
2610 ヒトラーの脱走兵　對馬達雄
2448 闘う文豪とナチス・ドイツ　池内　紀
2329 ナチスの戦争 1918-1949　R・ベッセル　大山　晶訳

2313 ニュルンベルク裁判　A・ヴァインケ　板橋拓己訳
2266 アデナウアー　板橋拓己
2615 物語 東ドイツの歴史　河合信晴
2274 スターリン　横手慎二
530 チャーチル（増補版）　河合秀和
2643 イギリス1960年代　小関　隆
2578 エリザベス女王　君塚直隆
2717 アイルランド現代史　北野　充
1415 フランス現代史　渡邊啓貴
2356 イタリア現代史　伊藤　武
2221 バチカン近現代史　松本佐保
2415 トルコ現代史　今井宏平
2670 サウジアラビア―「イスラーム世界の盟主」の正体　高尾賢一郎
2538 アジア近現代史　岩崎育夫
2586 東アジアの論理　岡本隆司
2437 中国ナショナリズム　小野寺史郎
2600 孫基禎（ソン・ギジョン）―帝国日本の朝鮮人メダリスト　金　誠

2034 感染症の中国史　飯島　渉
2700 新疆ウイグル自治区　熊倉　潤
1959 韓国現代史　木村　幹
2602 韓国社会の現在　春木育美
2682 韓国愛憎　木村　幹
2596 インドネシア大虐殺　倉沢愛子
1596 ベトナム戦争　松岡　完
2330 チェ・ゲバラ　伊高浩昭
1664 1665 アメリカの20世紀（上下）　有賀夏紀
2626 フランクリン・ローズヴェルト　佐藤千登勢
2527 大統領とハリウッド　村田晃嗣
2479 スポーツ国家アメリカ　鈴木　透
2540 食の実験場アメリカ　鈴木　透
2504 アメリカとヨーロッパ　渡邊啓貴
2163 人種とスポーツ　川島浩平

言語・文学・エッセイ

j 1

433 日本語の個性（改版） 外山滋比古
533 日本の方言地図 徳川宗賢編
2493 日本語を翻訳するということ 牧野成一
500 漢字百話 白川　静
2213 漢字再入門 阿辻哲次
1755 部首のはなし 阿辻哲次
2534 漢字の字形 落合淳思
2430 謎の漢字 笹原宏之
2363 外国語を学ぶための言語学の考え方 黒田龍之助
1880 近くて遠い中国語 阿辻哲次
1833 ラテン語の世界 小林　標
1971 英語の歴史 寺澤　盾
2407 英単語の世界 寺澤　盾
1533 英語達人列伝 斎藤兆史
1701 英語達人塾 斎藤兆史
2165 英文法の魅力 里中哲彦
2628 英文法再入門 澤井康佑
2684 中学英語「再」入門 澤井康佑
2637 英語の読み方 北村一真
1448 「超」フランス語入門 西永良成
352 日本の名作 小田切　進
2556 日本近代文学入門 堀　啓子
2609 現代日本を読む―ノンフィクションの名作・問題作 武田　徹
563 幼い子の文学 瀬田貞二
2156 源氏物語の結婚 工藤重矩
2585 徒然草 川平敏文
1798 ギリシア神話 西村賀子
2382 シェイクスピア 河合祥一郎
2242 オスカー・ワイルド 宮﨑かすみ
275 マザー・グースの唄 平野敬一
2716 カラー版 絵画で読む『失われた時を求めて』 吉川一義
2404 ラテンアメリカ文学入門 寺尾隆吉
1790 批評理論入門 廣野由美子
2641 小説読解入門 廣野由美子
2738 英語達人列伝Ⅱ 斎藤兆史
2740 日本語の発音はどう変わってきたか 釘貫　亨

中公新書

言語・文学・エッセイ

j2